AF291107

Anthologie

Samt und spitze Dornen

Rosen für das ganze Jahr

C. M. Brendle Verlag

C. M. Brendle Verlag

© C. M. Brendle Verlag, Albstadt
2. Auflage 2018
Umschlaggestaltung: C. M. Brendle Verlag
ISBN: 978-3-942796-29-3

Inhaltsverzeichnis

»Eine Rose ist eine Rose …«

ein ganzes Buch mit Rosentexten, der Blume, deren Schönheit schon unzählige Male bedichtet und besungen wurde. Sie begegnet uns in den glücklichsten und traurigsten Stunden, im Märchen, in Liebesgeschichten und sie blüht in Poesiealben. Die goldene Rose wird als Preis verliehen. In Rezeptbüchern finden wir kulinarische Köstlichkeiten aus Rosen. Manche wünschen sich es solle rote Rosen regnen und andere gar ein Bett voll Rosen. Ob die auch an die Dornen gedacht haben? Doch viele Menschen sind ohnehin nicht auf Rosen gebettet, dafür bringt Geduld Rosen. Die schwarze Rose symbolisiert die dunklen Aspekte unseres menschlichen Daseins.

»Kann man über die Rose überhaupt noch schreiben?«, diskutieren zwei junge Literaten bei Starbucks am Hackeschen Markt in Berlin.

»Könntest du ein gutes Gedicht oder eine Erzählung über Rosen schreiben, ohne in Klischees zu verfallen?«

370 Autoren haben bewiesen, dass es geht. In ‚Rosenträume‘ weht Rosas ‚Palais des roses‘ einen nie gekannten, berauschenden Wind durch die Gassen eines kleinen Ortes und mitten in das Herz des Gärtners Antonio, in dessen Garten sich die Farben überschlagen, als seien sie heranbrausende Wellen. In einem Lädchen mit goldenen Lettern und den vollkommensten Rosen geschieht eines Nachts was keiner der Nachbarn ahnt. Jemand anderes behauptet: „Ich mag keine Rosen“ und nennt Gründe dafür.

An anderer Stelle treffen sich Mat-rose und Heide-rose, ein hübsches Paar, doch was hat Neu-rose mit ihnen zu tun? 42 Rosen stehen auf dem Geburtstagstisch der 21-jährigen Annika – drohend wie das Fegefeuer. Von den Lippen tropfen dornige Worte, Sprachlosigkeit perlt von der Wand. Dimitri bringt mitten im Winter eine zarte Rosenknospe nach Petersburg.

In diesem Buch finden Sie eine Auswahl der besten Texte, Kurzgeschichten, Rosenkrimis und »Lyrosiges« die zur Ausschreibung »Rosentexte« des Little Pen e.V. eingegangen sind.

Christine Brendle

Nadelspitzenrot

Jasmin Herold

Wann wird sie erblühen? Morgen vielleicht? Ich war vier Jahre alt gewesen und konnte nicht verstehen, warum eine einzige Knospe unter all den erblühten Rosen ihr Geheimnis nicht preisgeben wollte. Übermorgen? Nächste Woche? Irgendwann musste sie doch ihr winziges Rot in Brand setzen. Meine Großmutter schwieg. Ihr dünner Mund war zu einem Schlitz zusammengepresst. Eine Antwort bekam ich nie.

Nun ist sie verwelkt. Immer blasser und blasser ist sie geworden. Am Ende war nur noch ein grüner Schatten zu sehen. Niemand konnte sich mehr an die ursprüngliche Farbe erinnern. Sie lindgrün zu nennen wäre übertrieben gewesen. Grau mit einem grünlichen Schleier vielleicht. Spielt das jetzt noch eine Rolle? Seit zwei Stunden ist der Schatten verschwunden. Mitten im vergilbten Rosengarten ist nun eine blütenweisse Insel zu sehen. Auf den ersten Blick sieht sie die unsichtbaren Zeichen nicht, ihre Augen sind trüb geworden, doch bei genauerem Hinsehen erkennt sie die winzigen Einstichlöcher. Sie streicht mit ihren Fingern über den angerauten Stoff. Die Löcher sind zu zart für ihre Fingerkuppen, doch sie weiss, dass sie da sind. Inmitten der weissen Wunde liegt ein rotes Pünktchen. Wie eine winzige Billardkugel droht es in eines der Löcher zu rollen und verschluckt zu werden. Ihr Finger betastet die Stelle vorsichtig. Ordentlich im Kreuzstich gestickt, fühlt es sich wie eine Narbe an. Immer und immer wieder streicht sie darüber, als ob sie eine verschlüsselte Botschaft entziffern wollte. Doch plötzlich weicht ihr Finger zurück und sie öffnet die Augen. Die Glut ist erloschen und ihr Finger hat sich an der blassrosafarbenen Asche verbrannt.

Manchmal war die Knospe zentriert und die anderen Rosen scharten sich um sie. Die gelben und roten Blüten berührten dann das zarte Grün der Knospe beinahe. Manchmal verrutschte sie aber auch. Meistens eigentlich. Dann lag sie auf einer Kante und nur ihr blasser Stiel war zu sehen. Ein bisschen nach rechts, ein bisschen nach links und schon war sie verschwunden. Eine grosse, rote Rose hatte sich nach ihr ausgestreckt und gab vor, gerade erst erblüht zu sein. Der Garten schäumte dann nur so über in all seiner Blütenpracht und liess die Knospe schnell vergessen.

Wozu das jahrelange Schrubben und Waschen? Die Blütenblätter würden doch für immer hinter der grünen Mauer gefangen bleiben. Jede Woche wusch sie das Tischtuch in der Badewanne. »Handwäsche für Handarbeit«, sagte sie. Schon immer habe sie das Tuch so gewaschen, warum also sollte sie dies nun ändern? Behutsam müsse man mit den Rosen umgehen, sie seien ja auch nicht mehr die Jüngsten. Wenn sie sich über den Badewannenrand beugte, sah ihr Rücken aus wie ein Schildkrötenpanzer. Oft stemmte sie eine Hand gegen ihre Wirbelsäule um mehr Halt zu gewinnen. Der Rücken schmerzte. Irgendwann werde sie noch einmal in Rosen baden, sagte sie einmal lachend, während ihr Kopf hinter den blauen Kacheln verschwand. Hilfe lehnte sie ab, sie konnte das Tuch nicht aus ihren Händen geben. Nur sie wusste, welche Stellen schon wund gescheuert waren und besonderer Fürsorge bedurften. Sparsam war sie, ja fast geizig, aber jeden Freitagnachmittag schwelgte ihr Tischtuch im überfliessenden Schaum. Sie benutzte nur neue Seifenstücke. Das Wasser durfte nicht zu heiss und nicht zu kalt sein. Körpertemperatur war genau richtig. Das Tuch sog das Wasser gierig auf, bis es wie ein toter, aufgeschwemmter Fisch in der Wanne lag. Dann nahm sie die Seife und rieb sie solange zwischen ihren Händen, bis der Schaum über ihre Unterarme quoll. Einmal hatte sie mich glauben gemacht, dass all der Schaum ihre Hände weggewaschen hätte. Entsetzt hatte ich damals nach ihren seifigen Händen gegriffen. Ihre langen, knorpeligen Finger waren nur versteckt gewesen.

Vorsichtig balsamiert sie Rose für Rose ein. Nach und nach verschwinden sie. Meist dauert diese Prozedur bis zu einer halben Stunde. Das mag sie am liebsten und sie betrachtet oft für ein paar Minuten die weissen Seifenwölkchen, bevor sie klares Wasser nachlaufen lässt. Der Schaum wird dann abgespült und wie durch ein Wunder erblühen die Rosen wieder im Waschwasser. Jede Woche tut sie das, egal ob das Tischtuch benutzt ist oder nicht. Seit wie vielen Jahren weiss sie aber selbst nicht mehr.

Ich wuchs auf mit dieser Freitagsnachmittagswaschung und selbst jetzt kann ich sicher sein, dass sie diese immer noch durchführt, egal wie sehr ihr Rücken schmerzt oder wie sauber das Tuch ist. Die Zeit ist eingefroren und jede Woche verschwinden die Rosen für einen kurzen Augenblick, um schliesslich doch wieder in ihren vergilbten Farben zu erstrahlen. Die Knospe hingegen bleibt verschlossen.

Von den Rosen tropft Tau auf den Steinfussboden, ausser den klatschenden Wassertropfen ist nichts zu hören. Ihre Füsse ruhen in einer Pfütze. Regungslos steht sie vor dem Badezimmerspiegel. Ihr Blick ist auf das Stoffbündel in ihren Armen gerichtet. Die Decke ist an ihre Brust gepresst. Ein Ende hat sich aus ihrer Umklammerung befreit und sich wie eine Schlange um ihre linke Wade gewickelt. »Ist alles in Ordnung«? Sie zuckt zusammen und wendet sich langsam zu mir. Sie hat mich nicht kommen hören. »Schau!« Sie hält mir das Tuch mit ihren ausgestreckten Händen entgegen. Ausser nassen, verblichenen Stickrosen kann ich nichts erkennen. Mit ihrem vom Wasser verschrumpelten Zeigefinger deutet sie auf eine weisse Stelle. »Sie ist weg! Wie kann eine Knospe verschwinden, die noch nicht einmal erblüht war?« Ich kann ihr keine Antwort auf ihre Frage geben. Sie lässt das Tuch fallen und geht ohne mich anzublicken an mir vorbei. Das um ihre Wade gewundene Stück Stoff zieht sie hinter sich her, bis es schliesslich schlaff hinter ihr liegen bleibt. Ein nasser Lappen liegt nun da, es könnte genauso gut ein Putzlappen sein, mit dem sie den Fußboden wischen wollte. Ich bücke mich nach dem Stück Stoff und hänge es auf der Leine über der Badewanne auf. Die milchige Seifenlauge ist noch nicht abgelassen, sie ist noch warm. Als ich den Stöpsel herausziehe, sehe ich einen grünen Faden im Abguss verschwinden.

Sie sitzt am unverhüllten Küchentisch. Fast nackt sieht der Holztisch ohne Tischtuch aus. Sie lächelt mich an. Alte Leute seien schon sonderbar, nicht wahr? Sie könne wirklich nicht verstehen, warum sich ausgerechnet die Knospe aufgelöst habe, sie hatte sie doch so fest gestickt. Ob sie mir schon einmal die Geschichte erzählt habe? Seltsam, dass ihr diese gerade jetzt wieder einfalle. Eigentlich sollte das Tischtuch ja ein Geschenk für ihre Grossmutter werden, die mochte Rosen so gerne, aber es sei dann alles anders gekommen. Fünfzehn Jahre war sie alt gewesen, als sie das Tuch zu sticken begonnen hatte. Am Anfang war ihr jeder Stich sehr schwer von der Hand gegangen und jedes Mal, wenn sie glaubte, ordentlich gearbeitet zu haben, war die Mutter unzufrieden gewesen. Der Stich sei zu gross, der zu klein, die Blüte sähe schlampig aus, das sei das falsche Garn. Sie sei wirklich sehr ungeschickt gewesen und die Mutter war oft ungeduldig mit ihr. Lange hatte es gedauert, bis die erste Rose richtig gestickt war. Ein oder auch zwei Blüten hatte sie ihr vorgestickt, um ihr zu zeigen, wie man die Stiche ordentlich setzt. Einen ganzen Nachmittag hatte sie still neben der Mutter sitzen müssen und sie hatte kein einziges Wort gesprochen. Während sie Stich für Stich aneinander reihte, musste sie genau zusehen, um sich die Technik einzuprägen. Für einen kurzen Moment hatte sie nicht hingesehen, doch die Mutter hatte ihre Unaufmerksamkeit sofort bemerkt. Streng war sie gewesen, wenn man ihr nicht folgte. Die Nadelspitze hatte sie daran erinnert. Jeder Stich hatte gesessen. Als die Mutter die Rose vollendet hatte, trennte sie sie wieder auf. Vorsichtig hatte sie das gemacht, um das Garn nicht zu beschädigen. Den fein säuberlich aufgerollten Faden und die Nadel legte sie auf den Tisch. Bis spät in die Nacht hatte sie versucht, den Nadelstichen der Mutter zu gehorchen. Stich für Stich folgte sie den kleinen Einstichlöchern. Nach einer Weile ging ihr dann die Arbeit automatisch von der Hand. Sie war selbst überrascht gewesen, dass sie mit ihren beiden linken Händen plötzlich so feine Stickereien anzufertigen vermochte. Manchmal habe sie ihre Hände wie etwas Fremdes betrachtet und konnte es gar nicht glauben, dass es ihre eigenen waren, die da Rosen auf das blanke Tuch stickten. Jeder Stich war identisch und die Mutter war zufrieden. Ihre Hand streicht über die glatte Holzplatte. Damals habe sie wirklich unter den Massregelungen gelitten, aber später hätte sie eingesehen, dass sie doch oft im Unrecht war. Viel gelernt hat sie von ihrer strengen Mutter. Ihr Finger stolpert über ein Astloch. »Manche Dinge werden einem doch erst spät bewusst, nicht wahr«? Die Knospe sollte der Blickfang werden. Nachdem sie alle Rosen fertig gestickt hatte, wollte sie der Mutter zeigen, dass es ihre Hände waren, die so fein sticken konnten. In der Mitte des Tuchs sollte sie platziert sein und sie hatte auch immer darauf geachtet, die Knospe an der richtigen Stelle einzusticken. Wie es geschehen konnte, dass die Decke verrutschte, wusste sie nicht mehr. Die Mutter hatte sie nicht geschimpft, still hatte sie auf die fehlerhafte Stelle geblickt und ihre Tochter nicht angesehen. Für eine Woche sprach sie nicht mit ihr. Kein Schelten. Sie fühlte sich zu recht schuldig, doch war da auf einmal etwas in ihr, das vertraut und fremd zugleich gleich war. Jede Anweisung hatte sie befolgt, die scheinbaren Fehler verbessert und auf einmal spielte alles keine Rolle mehr. Es war doch nur ein gesticktes Tischtuch. Wie zappelnde Fische fallen die Erinnerungen aus ihrem Mund und ihre Zunge stolpert über die zu hastig gesprochenen Worte. Sie hatte der Mutter einen Streich gespielt, die Knospe war an einer falschen Stelle. Sie gehörte da nicht hin. Jeder Stich hatte der Ewigkeit gegolten, der Faden war so straff in das Tuch eingewirkt, dass selbst die Mutter Schwierigkeiten hatte, ihn herauszulösen. Die Knospe war ihr verunglücktes Meisterwerk. Ihre Augen ruhen auf dem Astloch auf der Tischplatte. »Es ist schon spät«. Wortlos streichle ich über ihren Handrücken. Die hervorstehenden Adern fühlen sich wie wulstige Ledernähte an, die die dünne Pergamenthaut durchschneiden. Sie blickt vom Tisch hoch und lächelt mich an. »Bring mir bitte den Nähkorb, ich will sehen ob ich noch einen grünen Faden finden kann«.

Angestachelt

Klaus Paffrath

Der Tag, der Lena Schrader die Farbe wiederbrachte, begann so trüb, wie die Tage, Wochen, Monate und Jahre zuvor. Die Stadt erwachte in einem Nebelbett, und als die Morgendämmerung eine bleiche Scheibe über dem Industrierevier am Horizont heraufzog, waren die Strassen und Plätze schon mit dem Husten, Röcheln und Schnaufen von Maschinen erfüllt, die vor Ampeln bremsten und unverdrossen wieder anfuhren. Als der Nebel einige Meter höher schwebte, fühlte sie sich gerechtfertigt für den Schleier in ihrem Kopf, der ihr das Denken blockierte, für die Wut über die Welt und die Ungerechtigkeit, die ihr ständig widerfuhr. An den Tagen jedoch, an denen es die Sonne geschafft hatte und erbarmungslos in ihr Wohnzimmer drang, Schrank und Kommode ein leuchtendes Antlitz verlieh, was ihnen nach Lena Schraders Auffassung nicht zustand, wenn vom Park Stimmen, Lachen der Kinder und das Bellen eines Hundes herüber wehten, dann fühlte sie sich krank, einsam und verlassen. An diesen Tagen schleppte Lena Schrader sich vom Bett ins Bad, öffnete einen Schrank und schluckte eine dieser Kapseln, die ihr Dr. Ackerschott verschrieben hatte. Nach der Einnahme ging es ihr zwar nicht besser, aber das Medikament gab ihr das Gefühl, dass das Unglück nicht mehr im Mittelpunkt ihres Denkens stand, sondern durch eine bleierne Müdigkeit ersetzt wurde. Das Fröhliche und Unbeschwerte, das draussen Menschen in Parks, Gärten und Wohnungen umgab, erreichte sie nicht. Erwachte sie aus ihrer Lethargie, ging sie zum Fenster und blickte hinunter auf die Stadt, die im Dunst der Weite auslief, aus der Passanten hervor quollen und wieder verschwanden, auf den Verkehr, der unten brauste, auf ein pulsierendes Leben, das keinen Anteil an ihrem Leben nehmen wollte. Ihr Dasein war grau wie die Fassaden, grau wie Beton, grau wie ihre Haut, grau wie der Himmel. Selbst der Mai, der gerade begonnen hatte, wies nicht mehr die Farbe auf, die ihr aus der Jugend in Erinnerung geblieben war. Gespräche führte sie nur noch mit Dr. Ackerschott, ihrem Hausarzt, wie sie ihn nannte.

An einem Tag, an dem der Nebel sich wieder an der Traufe ihres Elfgeschossers verfangen hatte, beschloss sie, einkaufen zu gehen. Ein paar Häuser weiter war ein Supermarkt mit allem, was ein Haushalt brauchte, Produkte, die so schnell vor ihrem Auge vorbei flimmerten, dass die bunten Verpackungen, Werbe- und Preisschilder einen fahlen Brei ergaben, eine Masse, die zäh an ihr haften blieb und ihre ganze Kraft benötigte. Erschöpft und ausgelaugt erreichte sie an den Tagen, die sie für Einkäufe vorgesehen hatte, wieder ihre Wohnung.

An diesem Tag jedoch sollte alles anders werden. Sie hatte ihren ledernen, abgegriffenen Geldbeutel in eine Leinentasche gesteckt, öffnete die Wohnungstür, als sie auf ihrer Fußmatte im Treppenhaus eine langstielige Rose liegen sah. Es war eine prächtige, frische Rose mit blutroten Blütenblättern, die vorwitzig oben aus einer hellgrünen Knospe lugten und im Begriff waren, sich zu öffnen. Auf den zarten Blättern funkelten winzige Tautröpfchen und in der Mitte des langen, grünen, dornenbewehrten Stiels war zum Schutz ein weisses, seidenes Tuch gewunden.

Sie konnte sich nicht erinnern, jemals eine Blume geschenkt bekommen zu haben. Gewiss, kleine Ausnahmen hatte es gegeben. Früher, im Kindergarten, bekam jedes Kind zum Geburtstag eine Mini-Hyazinthe, ein Ereignis, das haften blieb, weil sie es damals für unmöglich hielt, dass eine so kleine Pflanze derart intensiv duften konnte. Später, als sie noch arbeiten konnte, gab es vom Chef gelegentlich einen Frühlingsgruss oder von Kollegen ein Bukett zum Geburtstag. Aber an eine Rose, eine langstielige rote Rose konnte sie sich nicht erinnern. Daher hielt sie die Rose auf ihrer Fussmatte für ein Missverständnis. Es musste sich jemand in der Tür geirrt haben. Sie hob die Rose auf und entrollte das weisse Tuch. Vielleicht war eine Botschaft eingewickelt, ein Gruss, ein Absender. Aber nichts war zu sehen. Weder unter der Fussmatte noch im Flur, von dem vier Eingänge in die Appartements führten, lag ein Kuvert, ein

Zettel oder ein Hinweis, für wen die Rose bestimmt sein könnte. Rechts neben ihr wohnte ein Rentnerehepaar. Der alte Herr sah und hörte schlecht, seine Frau hatte ein Hüftleiden, beide gingen daher selten aus dem Haus. Manchmal, wenn das Grau der Stadt und ihres Lebens sie ins Bett trieb, hörte sie sein laut gestelltes Radio durch die Wand. Gegenüber wohnte eine allein erziehende Frau mit Sohn. Links neben ihrer Tür lebte ein allein stehender Mann, möglicherweise in ihrem Alter oder unwesentlich älter, den sie ebenfalls nur selten sah. Manchmal hörte sie seine Tür zuschlagen, dann kam oder ging er. Die Abstände, die dazwischen lagen, liessen auf Schichtdienst schliessen. Er las offensichtlich viel. Auch wenn sie nicht jeden Tag zum Briefkasten ins Erdgeschoss ging, manchmal eine ganze Woche in der Wohnung blieb und dennoch keine Post erhielt, so quoll der Briefkasten ihres Nachbarn ständig mit abonnierten Tageszeitungen, Journalen und Briefumschlägen über.

Wem ihrer Nachbarn sollte die Rose gewidmet worden sein? Der Mann schien keine Verehrerin zu haben, das ältere Ehepaar hatte keine Kinder und auch keinen Verwandtenbesuch. Nur die allein erziehende Mutter wäre in Betracht gekommen. Aber neben ihrer Eingangstür hatte sie ein aus Ton gebranntes und glasiertes Schild aufgehängt. »Hier wohnen Theresa Borchert und Thomas« stand in unterschiedlich grossen Buchstaben geschwungen unter einem Hausrelief, das mit Steinen auf dem Dach und Schlagläden einem Schwarzwaldhaus ähnelte. Wer Theresa Borchert eine Rose schenken wollte, hätte kaum die richtige Tür verfehlt, überlegte sie.

Sie beschloss, den Einkauf zu verschieben und bei den Nachbarn nachzufragen. Sie legte die Tasche zurück in die Wohnung, nahm die Rose in die Hand, um die sie das weiße Tuch wieder gewickelt hatte und wollte zuerst bei dem älteren Ehepaar schellen. Als ihr Zeigefinger fast den beigefarbenen Knopf aus Bakelit berührte, zog sie ihn zurück. Sie konnte nicht einfach bei wildfremden Leuten klingeln, dachte sie und wunderte sich über ihren Mut, den sie bis hierher aufgebracht hatte. Während sie noch mit sich rang, verkrampfte sich ihre Hand und spürte einen Stachel, der durch das Tuch drückte. Als ob von der Rose eine unbekannte Kraft übergesprungen wäre, hob sie erneut die Hand und drückte beherzt auf den Klingelknopf. Hinter der Tür hörte sie Musik. Es war klassische Musik, sie konnte sie aber nicht einem bestimmten Komponisten zuordnen. Sie schellte erneut, doch erst, als ihr Schellen eine leise Stelle in der Komposition traf, hörte sie Schritte hinter der Tür näher kommen. Die ältere Dame öffnete einen Spalt, bis eine eingehängte Kette die Tür stoppte.

»Es ist unsere Nachbarin«, rief sie nach hinten.

»Ist die Rose von Ihnen«, fragte Lena Schrader. Ihr fiel auf, dass sie der Frau nicht einmal Guten Morgen gesagt, statt dessen die Rose in den Türspalt gehalten hatte, als sollte sie so schnell wie möglich deren Duft aufnehmen.

»Eine herrliche Rose!«, sagte die Frau und ihre Augen strahlten.

»Walter, komm doch mal!«, rief sie wieder nach hinten gewandt. Sie zog die Tür ein wenig zu, um die Kette zu lösen, öffnete die Tür dann weit, bis sie den alten Mann im Sessel des Wohnzimmers sitzen sah. Das Radio spielte in unverminderter Lautstärke weiter.

»Ach, er hört so schlecht, wissen Sie«, sagte die Frau, »er ist gerade im ersten Satz aus dem Streichquartett in A-Moll, das Rosamunden-Quartett von Franz Schubert. Er war früher Cellist im Theaterorchester. Die Rose soll von uns sein, fragten Sie? Nein, wie kommen Sie darauf«?

»Oder erwarteten Sie Besuch?«

»Nein, wer sollte uns alte Leutchen denn besuchen? Wir haben niemanden. Aber«, sie schien nachzudenken, sah nach hinten, wo ihr Mann nach wie vor das Radioprogramm verfolgte, »so kommen Sie doch mal auf eine Tasse Kaffee vorbei, wir kennen Sie ja gar nicht. Wohnen so Tür an Tür und haben noch kein Wort miteinander gewechselt. Passt Ihnen, na, sagen wir morgen Nachmittag?« Lena Schrader nickte.

»Schön, dann bis morgen. Wir freuen uns.« Die alte Dame schloss mit einem Lächeln die Tür. Lena drehte sich um und klingelte bei dem allein stehenden Mann. Sie hatte schon wieder vergessen, dass er Stefan Albrecht hiess. Vor längerer Zeit hatte sie die Namen ihrer Nachbarn an den Klingelschildern abgelesen, vorsichtig, denn in jedem Moment hätte die Tür geöffnet werden können. Sie hätte es für peinlich empfunden und nicht gewusst, was sie hätte sagen können. Jetzt hatte sie einen nachvollziehbaren Grund und da nach dem ersten Schellen alles ruhig hinter der Tür blieb, drückte sie ein zweites Mal auf den Knopf. Sie vermutete, dass er das Haus bereits verlassen hatte, als sie schlurfende Schritte hörte. Im Schloss wurde ein Schlüssel umgedreht, dann öffnete sich die Tür. Herr Albrecht blinzelte in die Flurlampe, die erste graue Bartstoppeln zum Leuchten brachte. Er trug einen rot-blau gestreiften Frottee-Bademantel, Holzschlappen, und die dunklen Haare lagen in Strähnen wie Mikadostäbe durcheinander.

»Entschuldigen Sie die Störung, Herr Albrecht«, sagte Lena, »aber ist diese Rose von Ihnen?«

»Guten Morgen«, sagte Herr Albrecht, der langsam wach wurde und sich die Hände durchs Gesicht rieb, als könnte er sich die Müdigkeit, die seinen Augen anzusehen war, wie Staub abwischen.

»Hatte Nachtschicht«, sagte er, der jetzt Lena musterte. »Wohnen Sie nicht gegenüber?«, fragte er, der seine Nachbarin noch nie von nahem gesehen hatte. Er hielt sie für älter, wenn er sie gelegentlich im Treppenhaus, im Fahrstuhl oder zwischen den Regalen des Supermarktes sah. Sie trug meist grau, mal anthrazitfarbene Kleidung und ihr Gang war eher gebeugt denn aufrecht. Als er jetzt in ihr Gesicht schaute, dann überraschte ihn die straffe, nahezu faltenfreie Haut im Alabasterton, sie sah jung aus, Ende dreissig, und die zu einem Dutt hochgesteckte Frisur wollte nicht so recht zu ihrem Alter passen.

»Ist die Rose von Ihnen?«, fragte Lena wieder und hielt sie hoch. Die rote Blüte berührte fast seine Nase. Er atmete tief ein.

»Dieser Duft«, sagte er, dann schüttelte er den Kopf.

»Warum von mir? Ich habe keine Rosen verteilt.«

»Ich dachte nur, jemand aus der Etage hätte sie mir vielleicht auf die Fussmatte gelegt, heute Morgen oder gestern Abend.«

»Lag kein Brief dabei?«, fragte er. Lena Schrader schüttelte den Kopf.

»Dann müssen Sie einen unbekannten Verehrer haben!«, sagte er lächelnd und sah dabei nicht mehr müde aus.

»Nein«, sagte sie. Jetzt lächelte sie auch, aber mehr aus Verlegenheit. Eine Frau in ihrem Alter müsste längst verheiratet sein, hatte ihre Mutter gesagt und das war auch schon wieder Jahre her. Sie senkte den Kopf der Rose.

»Entschuldigen Sie die Störung«, sagte sie wieder, drehte sich um und wollte gehen.

»Es hat mich gefreut. Endlich haben wir einmal miteinander gesprochen. Vielleicht können wir uns mal treffen«, sagte Herr Albrecht, »übermorgen habe ich Freischicht, wie wäre es um 20 Uhr im Biergarten an der Brauerei?« Lena Schrader nickte. Sie lächelte wieder.

Herr Albrecht schloss die Tür und Lena Schrader klingelte bei Theresa Borchert und Thomas. Jetzt erst sah sie zwei Gesichter, die aus dem Schwarzwaldhaus blickten. Sie musste nicht lange warten, bis ihr die Tür geöffnet wurde. Frau Borchert hatte den kleinen Thomas auf dem Arm. Mit seinen roten Pickeln im Gesicht sah er aus wie ein Streuselkuchen.

»Guten Morgen«, sagte Lena, »ist die Rose von Ihnen?« Jetzt, als sie die Frage zum dritten Mal stellte, kam sie ihr selbst merkwürdig vor.

»Guten Morgen«, sagte Frau Borchert, »nein, aber eine sehr schöne Rose. Hatten Sie schon Windpocken?«

»Ja, als Kind.« Der kleine Thomas versuchte sich zu kratzen, aber Frau Borchert setzte ihn auf den Boden und hielt ihm die Arme fest. Mit grossen Augen sah er erst Lena Schrader an, dann die Rose. Er vergass seine juckenden Pusteln und versuchte, an die Rose zu gelangen, während Frau Borchert mit der freien Hand aus einer kleinen Tube eine weisse Flüssigkeit auf die juckenden Stellen tupfte.

»Zuerst sind die Pickel rot, dann weiss«, sie hielt die Tube hoch, »das ist gegen den Juckreiz. Wollen Sie nicht hereinkommen, ich habe gerade Tee aufgesetzt, trinken Sie doch eine Tasse mit.«

Der Vormittag flog dahin. Sie unterhielt sich mit Frau Borchert, als sei sie eine Freundin aus der Schulzeit, die verschollen, plötzlich wieder auftauchte. Thomas hatte kein Fieber mehr und freute sich, dass ihr Lena aus den Bilderbüchern vorlas.

»Du könntest morgen Nachmittag zu Kaffee und Kuchen kommen«, sagte Frau Borchert zum Abschied. Längst waren sie zum Du übergegangen. Lena überlegte.

»Morgen bin ich bei Bachmanns gegenüber«, sagte sie, »langsam brauche ich einen Terminkalender.« Sie lachte wieder. Tage später griff Lena Schrader zum Telefon.

»Praxis Dr. Ackerschott«, meldete sich die Stimme von Schwester Bettina.

»Hier ist Lena Schrader, ich möchte den morgigen Termin absagen. Es geht mir schon viel besser. Ich werde mich wieder melden.« Lena Schrader legte auf. Noch bis vor kurzem hätte sie es für unmöglich gehalten, nie die Kraft aufgebracht, allein, ohne das Gespräch mit Dr. Ackerschott, eine Woche zu bestreiten. Aber jetzt gab ihr diese rote Blüte den Lebenswillen wieder, der ihr in der zurückliegenden Zeit abhanden gekommen war. Sie fühlte sich wie eine Knospe, die geschlossen in grauer Kälte verharren musste und erst jetzt von der Sonne erreicht wurde.

Schwester Bettina strich in dem grossen Buch den Termin mit Lena Schrader durch.

»Ich habe Ihnen etwas Luft verschafft, Herr Doktor«, sagte sie.

»Können wir uns das auf Dauer leisten?«, fragte Dr. Ackerschott.»So teuer sind langstielige Rosen auch nicht«, sagte Schwester Bettina.

»Ich meinte die Ausfälle meiner Patienten.«

»Sie könnten ein paar Vorträge halten oder ein Buch schreiben, ‚Die Rose auf Krankenschein‘.«

»Nein, nein, das klingt furchtbar technisch. Wissenschaftlich und zugleich poetisch müsste der Titel lauten«, sagte Dr. Ackerschott, »vielleicht ‚Die unterbewusste Symbiose zwischen Mensch und Rose‘.«

Wenn es nichts Wichtiges
zu schreiben gibt

Tobias Grimbacher

Wenn es nichts Wichtiges zu schreiben gibt
Dann schreibe ich
über die Rose

die Sonne und wie schnell sie
als Kreis hinterm Jura versank

über die Schokolade
acht Stücke auf meinem Schreibtisch

über die Sehnsucht schreibe ich nicht
sie ist bedeutungslos

Schlusswort

Tobias Grimbacher

Die Linie 9
fährt mal wieder nur bis Tierspital

Ist doch mir gleich
ich laufe durch den Wald

dann am Wald entlang
über die Wiese, durch ein Rosenbeet

die haben die Blätter auch schon abgeworfen
und am Schulhaus vorbei

schliesslich durch den Bach
unter Wasser

in den fast
verpassten Untergang

Punktlandung

Claudia Gellermann-Schultes

Mein Herz klopft bis zum Hals. Die Gurte schneiden mir in den Nacken, meine Hände zittern. Glücklicherweise sieht man das in den dicken Handschuhen nicht, die meine Finger bedecken. Ich spüre die Übelkeit in mir hochsteigen. Noch kann ich zurück, einfach aussteigen, diesen merkwürdigen Overall ausziehen und nach Hause fahren. Der Pilot dreht sich um und fragt, ob alles klar sei. Ich presse die Lippen zusammen und nicke. Die Tür rastet ein, die Motoren brummen laut und das kleine Flugzeug setzt sich in Bewegung. Ich schaue zu Katja, meinem Tandemmaster. Ihre strahlend blauen Augen lächeln mich an. Sie ist vielleicht Mitte 20, ich bin Ende 60. Ihre Haare sind rot und lang, meine kurz und grau. Ihre Brüste wahrscheinlich hübsch und fest, meine sind faltig und schlaff.

Mit einem kleinen Ruck hebt die Maschine ab: Das Brummen ist unerträglich laut, mein Kopf dröhnt und plötzlich wird die Übelkeit überwältigend. Hastig greife ich zu der kleinen Papiertüte, die man uns Luft-Novizen vorsorglich in die Hand gedrückt hat. Ich schäme mich entsetzlich, doch ich kann es nicht ändern. In einem einzigen Schwall entledige ich mich eines Grossteils meines Frühstücks. Als ich mich wieder aufrichte, schaue ich in Katjas mitfühlende Augen.

»Besser jetzt?", brüllt sie in mein Ohr. Mit läuft eine kleine Träne aus dem Augenwinkel und ich schreie ein »geht schon« zurück.

»Das passiert jedem dritten. Draussen hast Du das wieder vergessen.« Sie will tatsächlich noch mit mir springen. Und ich, will ich überhaupt? Durch das kleine Seitenfenster schimmern erste Sonnenstrahlen. Sie erinnern mich an die Geburt meiner ersten Tochter. Damals lag ich zuhause auf meinem Bett und zählte die Sekunden zwischen den Wehen. Nach einer Woche tristen Regenwetters krabbelte gerade in dem Moment die Sonne zwischen den Vorhängen hervor, als ein unglaublich stechender Schmerz die erste Phase der Geburt einleitete. Auch damals war mir schlecht und ich wollte am liebsten wegrennen und die ganze Schwangerschaft rückgängig machen. Absurde Gedanken, vor allem vor dem Hintergrund des überwältigenden Glücksgefühls, das mich zwei Stunden später durchströmte, in dem Moment als mir die Hebamme meine kleine Marita in die Arme legte. Marita ist im vergangenen Jahr gestorben. Ein Verkehrsunfall. Es ist wohl das schlimmste für Eltern, ein Kind zu verlieren. Einfach, weil es von der Natur so nicht vorgesehen ist. Der Schmerz zerreisst mich immer noch innerlich, wenn ich daran denke, dass Marita nicht mehr da ist.

Fordere ich deshalb vielleicht jetzt das Schicksal heraus? Nicht, dass ich glaube, der Fallschirm würde sich nicht öffnen oder ein Gurt reissen oder sonst etwas. Aber ich bin tatsächlich nicht mehr die jüngste und meine Organe sind genauso alt. Selbst wenn mir mein Hausarzt nach dem letzten Check-up ein wunderbares Herz bescheinigt hat, kann auch dieses möglicherweise infolge der Aufregung aussetzen. Bin ich fertig mit dem Leben? Habe ich noch etwas zu erwarten? Was habe ich zu verlieren? Fragen, die sich seit einigen Wochen ständig aufdrängen. Dabei hat es noch nicht einmal einen konkreten Anlass dafür gegeben. Oder vielleicht doch? Ich habe die Einladungskarten für meinen 70. Geburtstag in die Druckerei gebracht. 70 klingt scheusslich, vor allem weil ich das Gefühl habe, nicht wirklich alt zu sein - und 70 ist nun mal alt. Ich möchte keines meiner Jahre missen. Auf einige Erfahrungen hätte ich allerdings gerne verzichtet, wie zum Beispiel den Verlust meiner Stelle als Lehrerin vor 25 Jahren. Ich war als Angestellte im Staatsdienst einer plötzlichen Beamtenschwemme zum Opfer gefallen und stand von heute auf morgen auf der Strasse, na ja nicht ganz so schnell, aber jedenfalls hatte die Zeit nicht zur erfolgreichen Stellensuche gereicht. Mein Beruf war neben meiner Familie mein wichtigster Lebensinhalt gewesen. Ich wurde depressiv, konnte nichts mehr mit mir anfangen. Mein Mann verliess mich damals kurzzeitig, er konnte mein dauerndes Lamentieren nicht mehr ertragen. Heute kann ich ihn gut verstehen. Er kam übrigens nach einem halben Jahr wieder zu mir zurück. Heute führen wir die glücklichste Ehe der Welt.

Er sei stolz auf mich, hat er mir heute morgen noch mit auf den Weg gegeben. Zum Flugplatz wollte er allerdings nicht mitfahren, er habe schon graue Haare genug, hat er gemeint. Ich bin so froh, dass Helmut bei mir ist. Und wenn ich recht darüber nachdenke, war es richtig, dass er mich damals verlassen hat. Wir waren beide verzweifelt, konnten nicht mehr miteinander leben. Darum hatte sich auch kein Hass aufbauen können. Als Helmut dann anrief und sich mit mir in einem Café verabredete, war es wie bei einem Blind Date. Erkennungszeichen: eine dunkelrote Rose. Als hätten wir uns noch nie gesehen. Ich war unglaublich aufgeregt, machte mich hübsch zurecht, wie ich es seit Jahren nicht mehr für ihn getan hatte, und verliebte mich neu in meinen Mann. Gott sei dank ging es ihm genauso und wir erlebten unseren zweiten Frühling gemeinsam. Die Rose habe ich heute noch.

Maritas Tod hat Helmut sehr mitgenommen. Sein Herz ist schwach und er darf sich nicht mehr aufregen. Darum ist er heute auch zuhause geblieben. Ich frage mich, was Katja von mir denken mag. Ich fühle mich vom Kopf her nicht anders als mit vierzig, aber ich sehe natürlich älter aus. Falten haben sich in mein Gesicht gegraben, die Haut hängt schlapp an meinem Körper. Habe ich doch kürzlich wieder Fotos von den Hollywood-Diven bei der Oscar-Verleihung gesehen. Viele sind nicht jünger als ich, doch sie sehen einfach klasse aus. Auch wenn ich natürlich weiss, dass an den schönen Körpern der älteren Damen hauptsächlich das geübte Skalpell eines Schönheitschirurgen beteiligt ist, bin ich doch ein wenig neidisch. Manchmal spiele ich mit dem Gedanken, mir wenigstens meinen Busen ein bisschen anheben zu lassen. Obwohl mir natürlich klar ist, dass schon die Aussprache dieses Gedankens herrliche Heiterkeitsausbrüche bei meiner Umwelt bewirken würden. Oma, was willst Du denn mit einem knackigen Busen, den kannst Du doch eh nicht mehr zeigen, geschweige denn gebrauchen.

Aber ich hasse es, mich morgens im Spiegel angucken zu müssen. Ich war immer so stolz auf meine Brust gewesen. Doch seit zwei Jahren sind es nur noch zwei hängende Lappen. Allein mir selbst diesen Anblick morgens zu ersparen, wäre den Eingriff wert. Aber ich habe Angst, es könnte in der Narkose etwas schief gehen. Und noch ist die Angst grösser als der schönere Anblick ...

20 Minuten lang rattern wir jetzt schon durch die Luft, unter uns eine dünne Wolkenschicht, neben uns die gleissende Nachmittagssonne. Ich fühle mich wohl, mein Magen hat sich beruhigt und ich freue mich auf den Sprung, den Kick, wie nicht nur die Jugendlichen, sondern auch ich ab und zu sage. Ich habe auch keine Bedenken mehr, dass mein Herz oder etwas Ähnliches plötzlich versagen könnte und Katja mich als unbeweglichen Mehlsack zur Erde zurück transportieren müsste. Das kann sich natürlich unmittelbar vor dem Sprung wieder ändern, aber jetzt bin ich mir sicher. Ich versuche noch mal im Kopf durchzugehen, was man uns Neu-Springern vorhin über das Verhalten während des Sprungs und bei der Landung erzählt hat. Wir haben das Landen trainiert, mussten von einer zwei Meter hohen Mauer springen und uns dann abrollen. Als ich an der Reihe war, haben die drei anderen Teilnehmer einen reichlich merkwürdigen Blick aufgesetzt. So eine Mischung aus echter Besorgnis um meine vermeintlich gebrechlichen Knochen und überheblichem Kopfschütteln über meine Unvernunft. Auf jeden Fall habe ich den Sprung von der Mauer bravourös absolviert. Seit dem sind sie wirklich sehr nett und es kommen auch keine dummen Bemerkungen über mein Alter.

Katja stupst mich in die Seite.

»Gleich geht's los. Bist Du bereit?" Schön, die Angewohnheit, dass man sich hier gleich duzt. Es ist zugegebenermassen auch ein bisschen schwierig, in einer kritischen Situation die Höflichkeit mit »nun ziehen Sie doch an der Leine, Sie

Mensch" zu wahren. Ich fühle mich bei dem Geduze ganz wohl. Das erinnert mich an Amerika, wo Helmut und ich jedes Jahr rund drei Monate verbringen, meistens in Florida, manchmal in Kalifornien. Ich liebe die deutlich lockerere Lebenseinstellung der Amerikaner und ich habe auch das Gefühl, dass man dort mit älteren Menschen nicht so viele Probleme hat wie hierzulande. Solange sie funktionieren, natürlich nur. Aber dann ist es wirklich einerlei ob man nun 35 oder 80 ist. Schön eigentlich, dennoch können wir uns nicht dazu entschliessen, ganz überzusiedeln. Die Sprache würde mir schon fehlen und auch mein Garten, mein Rosengarten, aus dem ich die Erkennungsrose für unser Versöhnungstreffen geklaut habe. Der Rosenstock ist heute noch mein erklärter Liebling. Und einen Umzug nach Amerika würde er garantiert nicht überstehen.

Der Pilot dreht sich wieder um.

»So, alle bereit?", fragt er in das Gedröhn der Motoren hinein. Wir vier Mitspringer schauen uns an. Mit hundertprozentiger Sicherheit kann keiner in diesem Moment die Frage bejahen. Unsere Tandemmaster packen uns am Arm und nicken mit hochgezogenen Augenbrauen. Ich strahle Katja an. Ja, ich bin bereit für das grosse Abenteuer. Ein Abenteuer, das ich bereits im Vorfeld mit viel Kopfschütteln meines Bekanntenkreises bezahlen musste. Und was für mich am Schlimmsten war, mein eigener Sohn hatte bezüglich meines Vorhabens nichts anderes als Spott für mich übrig. Ich solle mich nicht lächerlich machen und in Würde alt werden, hatte er mich angefahren. Dieser Stachel sitzt tief.

Alt werden will jeder, ich auch; aber alt sein kann ich noch nicht. Mit einem Leben im Lehnstuhl mit Strickzeug auf dem Schoss mag ich mich noch nicht abfinden. Was hat Jens für eine Vorstellung von Würde? Ist das würdevoll, alte Menschen die Zeit absitzen zu lassen, die ihnen bis zum Sterben noch bleibt?

Katja und ich sollen als erste raus. Der Co-Pilot steht jetzt neben der Tür. Er wird sie öffnen. Die Tandemmaster haben ihre Schützlinge vor den Bauch geschnallt und brav warten wir in einer Reihe mit gesenkten Köpfen in dem kleinen Flugzeug. Der Windstoss, der plötzlich durch die Türluke fegt, ist überwältigend. Fast hätte ich das Gleichgewicht verloren, doch Katja drückt mich vorwärts.

»Los jetzt! Spring!" brüllt sie mich an. Ich schliesse die Augen, mache einen Schritt ... und springe. Der Wind knattert in meinen Ohren, ich breite die Arme aus und gehe in die Freifluglage, wie man es uns vorhin gezeigt hat. Es muss wohl geklappt haben, denn ich spüre, wie Katja den kleinen Bremsschirm zieht und wir stabil in der Luft liegen. Es ist ein Gefühl als würde man bäuchlings auf einem Surfboard liegen, und dabei rast man mit grosser Geschwindigkeit durch die Luft und dem Erdboden entgegen. Nie fühlte ich mich dem Tod ferner - und wahrscheinlich war ich ihm niemals näher. Der Tod ist unausweichlich. Jeder stirbt, und je älter man wird, desto häufiger denkt man über diesen Zeitpunkt nach. Ich will noch nicht sterben. Allerdings bin ich vorbereitet, oder sagen wir mal, ich habe alles geregelt, sollte es dann doch passieren. Meine Beerdigung ist geplant, das Rosenbukett sowie der Sarg sind ausgesucht, damit die Hinterbliebenen nachher nicht das Gefühl haben, sie müssten mir posthum etwas Gutes tun und eine Mahagonikiste wählen, und das Geld für die Trauerfeier ist auf einem Extra-Konto angelegt. Ausserdem habe ich natürlich ein Testament gemacht. Durch diese Vorbereitungen gelte ich als vorausschauender Mensch, als Realistin, die sich vor den Tatsachen nicht verschliesst. Schön für alle anderen, aber es interessiert mich nicht. Ich bin dem inneren Drang erlegen, anderen Menschen möglichst wenig bis gar keine Probleme zu bereiten. Und mache mir damit selbst das Leben schwerer als es sein müsste, denn es zwingt mich, mir mein eigenes Ende vorzustellen. Das will ich nicht. Wenn ich tot bin, bin ich tot. Ich werde das Sterbe-Konto auflösen. Hier oben fallen Entscheidungen leichter.

Auf einmal werden wir heftig empor gewirbelt. Katja hat den Fallschirm geöffnet. Der brettharte Sturz verwandelt sich in ein sanftes Schweben, irgendwie unwirklich. Die Landschaft unter uns schwankt. Die Häuser sind spielzeugklein, Straßen und Wege verkümmern zu Bändern und Fäden, die sich um die Erde schnüren. Die Enge, die der Mensch der Natur verpasst hat, ist beinahe körperlich spürbar. Sie erinnert mich an ein Korsett, das ich vor vielen Jahrzehnten von meiner Mutter geschenkt bekommen hatte. Sie gab es mir, um meinen Körper in Form zu bringen; in eine Form, aus der ein Ehemann und eine abgesicherte Zukunft resultieren sollte. Ich habe es nur zwei oder drei Mal getragen. Heute sind Korsetts nicht mehr modern, doch der Druck ist geblieben. Nur sind es jetzt gesellschaftliche Pressionen, die Frauen in eine höchst unnatürliche Körperform zwängen. Schlank müssen sie sein, geradezu mager. Das Korsett des 21. Jahrhunderts heisst Diät. Frühlingsdiät, Blitzdiät, Nulldiät. Wir haben uns von den Fesseln des Einschnürens befreit, um unsere Körper auf eine noch viel extremere Weise zu kasteien. Ich bin nicht frei davon, auch mit fast 70. Ich sehe, genau wie alle anderen, die schlanken Körper in den Magazinen. Sie bestimmen auch mein ästhetisches Empfinden, ich finde dünne Menschen schöner als dicke, und weiss, dass das Unsinn ist.

Die Erde kommt näher, die Bänder werden zu Streifen. Ich drehe meinen Kopf, was gar nicht so leicht ist. Über mir liegt Katja und lächelt. Dies ist ihre Welt, ihre Form der Freiheit. Ich beneide sie um ihre Agilität und ihren jungen, frischen Körper. Ich beneide sie nicht um die Erfahrungen, die sie noch machen muss. Jeder Tag ist lernen. Nur kann ich auf meinen Schatz des bereits Gelernten zurückgreifen und Stimmungen von Schmähungen unterscheiden. Katja ist ein Vogel, sie flattert und fliegt. Ich bin ein Alligator, ich kann einschätzen und geniessen. Und wie ein Alligator manchmal in Swimmingpools oder Toilettenbecken landet, finde ich mich nun an einem Fallschirm hängend. Ich gehöre da nicht hin, aber ich hoffe, dass mich diese Neugier und der Drang des Ausprobieren wollens nie verlässt.

Unten taucht eine grosse Wiese auf. Wir sind jetzt sehr tief. Ich kann kleine rosa Kleckse erkennen, die wohl Rosenblüten sind. Katja zuckelt an den Leinen und packt mich an der rechten Schulter. Alles klar zur Landung, bedeutet sie mir. Ich nicke. Wie vorhin im Kurs gelernt richten wir uns gleichzeitig auf und strecken die Beine. Ich beuge meinen Oberkörper vor und knicke dann die Knie leicht ein. Bloß nicht mit gestreckten Beinen landen, sage ich mir immer wieder. Da soll die Gefahr eines Bruchs ziemlich gross sein. Die Wiese rast auf uns zu. Mir ist schleierhaft, wie wir bei dem Tempo heil auf die Erde zurückkehren sollen. Aber ich vertraue meinem Tandemmaster. Vertrauen können ist auch etwas, das ich lernen musste. Einfach mal das Ruder abgeben und den Dingen ihren Lauf lassen.

Ein Ruck geht durch meinen Körper. Wir lassen uns fallen und rollen gemeinsam über das Feld. Katja hält schützend ihre Arme über mich. Als wir endlich ruhig liegen, nimmt sie zunächst mir und dann sich selbst die grosse Schutzbrille ab.

»Alles klar? Geht es Dir gut?" fragt sie mich. Mir steigen die Tränen in die Augen, ein dicker Kloss sitzt in meiner Kehle. Ich kann nicht antworten, sondern drücke sie ganz fest an mich. Hoffentlich versteht sie. Katja fängt plötzlich auch an zu weinen. Wir lachen uns an, während uns die Tränen über die Wangen laufen. Sie pflückt mir einen kleinen Zweig vom Rücken und drückt ihn mir in die Hand. Mit verschleiertem Blick sehe ich eine zartrosa Blüte. Am Stiel hängen sogar noch ein paar Wurzelfasern. Ich werde sie einpflanzen. Vielleicht wird sie meine neue Lieblingsrose – und ich werde sie Katja nennen.

Lürik gesucht!

Lupus Lunaris

Liebe Poesie!
Ich (21, w, R) suche:
lürik für zweisame stunden.
tausend rosen hab ich Dir gedichtet
und sie zum schönsten strauss gebunden
mit meinem liebstem gruss an Dich gerichtet
doch Deine adresse hab ich nicht gefunden -
ich will Dir noch abertausend rosen sagen
und wenn mir einmal die worte fehlen
dann sollst du reden und ich schweige
mit worten pfeilen zeilen jagen
kurzer weile spiele treiben
hekate wölfe schreiben
blaue monde stehlen
bist du lürik?
heisst du so?
dann hat der blumenbote mit den tausend rosen
Deine türe doch gefunden

Sah ein Knab ein Röslein stehn

Martina Meisl

Da sind sie wieder. Hätte ich eine Uhr, ich könnte sie nach ihnen stellen. Pünktlich und regelmässig tauchen die beiden um die Mittagszeit im Park auf, schon seit zwei Wochen, jeden Tag. Schleichen umeinander herum und beobachten sich verstohlen. Geben sich dabei Mühe, dass der andere es nicht bemerkt. Und hoffen doch das Gegenteil.

Wer seine Zeit wie ich tagaus, tagein im Park zubringt, sieht so einiges. Mittlerweile bin ich sehr anspruchsvoll geworden, wenn es darum geht, meine Aufmerksamkeit wecken zu lassen. Manches regt meine Neugier, anderes ruft mein Mitleid hervor, das meiste lohnt kein zweites Hinsehen. Doch diese beiden rühren mich. Bisher hat keiner von ihnen den ersten Schritt gewagt. Er zu schüchtern, sie zu stolz. Insgeheim schliesse ich Wetten ab, wer als Erster den anderen ansprechen wird, und wann es wohl so weit sein wird. Lange kann es nicht mehr dauern.

Denke ich an ihre erste Begegnung zurück, wird mir ganz warm ums Herz. Er hatte sie zuerst erblickt, und als er sie dort auf der Bank sitzen sah, vertieft in ihr Buch und der Gegenwart entrückt, blieb er stehen, wie elektrisiert. Die Welt hörte für einen Moment auf, sich zu drehen, und als sie sich endlich weiter bewegte, drehte sie sich nur noch um sie.

Im Scheinwerferlicht seiner Verehrung konnte ich sehen, was er sah: Ein Wesen voller Anmut, das aus sich selbst heraus zu strahlen schien. Umgeben von einer geheimnisvollen Aura der Unnahbarkeit. Sofort empfand ich eine tiefe Seelenverwandtschaft mit dieser Frau, die ich schon viele Male hier im Park hatte sitzen sehen. Sie war mir nie so schön erschienen.

Gleichzeitig hatte auch er sich verändert. Ich erkannte den unscheinbaren Mann, der er einige Minuten zuvor noch gewesen war, nicht wieder. In seinen Augen glomm ein Leuchten, das jeden in seinen Bann schlagen musste. Wie angewurzelt stand er da, unfähig sich abzuwenden. Als ihre Blicke sich für den Bruchteil einer Sekunde trafen, schaute er verlegen auf seine Schuhspitzen und sah mit an, wie die sich plötzlich entschlossen in Bewegung setzten. Ganz so, als wüssten sie noch, wo er ursprünglich hatte hingehen wollen. Da befand er sich längst auf seiner neuen Umlaufbahn.

Seither umkreisen sie einander wie Motten das Licht, allerdings in einer grösseren Distanz, als die Insekten es für gewöhnlich tun. Sie, die eher unregelmässige Besucherin, und er, der mir bis zu jenem Tag noch nie aufgefallen war – täglich verbringen sie etwa eine Stunde im Park.

Mehr noch als von Wünschen oder Sehnsüchten wird das menschliche Handeln bestimmt von Eitelkeiten, Ängsten und Komplexen. So viel habe ich im Laufe der Zeit gelernt. Getrieben von Sehnsucht, gehemmt durch ihre Angst, gehen sie oftmals einen Schritt vor und einen wieder zurück. So bleiben die meisten einfach stehen und sehen tatenlos zu, wie die Zeit verrinnt. Um dann am Lebensabend zu beklagen, das Glück, als es sich darbot, nicht beim Schopfe gepackt zu haben.

Zunächst hatte ich das für diese beiden auch befürchtet. Aber dann fiel mir auf, dass ihr Radius mit jedem Tag zunehmend enger wurde. In meinem Park habe ich natürlich schon so manches junge Paar gesehen. Händchen haltend schlendern sie vorbei oder bleiben vor mir stehen, um sich zu küssen. Doch von keinem dieser Paare ging je eine solche Magie aus wie von diesen beiden jungen Leuten – die sich doch fremd und gar kein Paar sind. Diese Magie hat auch mich verzaubert. Ich, die ich stolz darauf bin, stets über allem zu stehen, fiebere dem kommenden Mittag schon entgegen, wenn die beiden gerade erst den Park verlassen haben.

Sobald sie da sind, ist das Gras der Wiese grüner, die Sonne wärmer. Die Atmosphäre lädt sich auf, ich kann es förmlich knistern hören. Kurz: Ich spüre ihre Anwesenheit, noch bevor ich sie gesehen habe. Bitte, enttäuscht mich nicht, möchte ich den Zweien zurufen. Ergreift eure Chance!

Heute wird es soweit sein, das habe ich im Gefühl. Sie sitzt wieder auf der Parkbank, gibt vor, in ihrem Buch zu lesen. Doch ich weiss es besser. Seit jenem Tag vor zwei Wochen hat sie keine einzige Seite mehr umgeblättert. Er lehnt am Geländer des Weihers, beobachtet vorgeblich das Treiben der Enten. Und hat doch nur Augen für sie. Es beginnt zu regnen. Zwei Tropfen habe ich schon gezählt. Der Regen wird mir gut tun, die Trockenheit der vergangenen Wochen hat auch mir stark zugesetzt.

Während die junge Frau noch unschlüssig auf ihrer Bank verweilt und den vereinzelten Tropfen beim Fallen zusieht, hat der Mann die Gunst der Stunde erkannt. Aus seiner Tasche zaubert er einen Schirm hervor und eilt hinüber zu seiner Angebeteten. Wortlos bietet er ihr seinen Schutz, den sie dankbar annimmt. Gerade rechtzeitig, denn schon haben sich die Schleusen des Himmels geöffnet und der Regen prasselt nur so herab. Meine beiden Auserwählten stehen unter dem Schirm und sehen einander tief in die Augen, fast ein wenig ungläubig. Um sie herum könnte die Welt untergehen, sie würden es nicht bemerken. In ihren Blicken liegt unbeschreibliche Zärtlichkeit und Intimität.

Endlich! jubiliere ich innerlich. Ich hatte Recht, das Warten hat sich gelohnt. Allein dieser Moment ist es wert, am Leben zu sein! Ich merke, wie ich aufblühe, und das nicht nur wegen des Regens. Sicher bin ich in diesem Augenblick die Allerschönste im ganzen Park.

Das scheint auch dem jungen Mann nicht entgangen zu sein. Als der Regen nachlässt, steuert er geradewegs auf mich zu. Greift nach mir, atmet meinen Duft. Bevor ich begreife, was er vorhat, knickt er meinen Stängel ab und trennt mich von meinen Wurzeln. Meine Dornen halten ihn nicht ab von seinem Tun. Sie haben ihn an der Hand verletzt, doch er ist wie in einem Rausch, völlig schmerzunempfindlich. Lächelnd bietet er mich seiner Liebsten dar.

»Du bist so schön und vollkommen wie diese Rose.« Damit spricht er mein Todesurteil. Mit viel Glück bleiben mir noch ein paar Tage in einem Wasserglas. Hat es so kommen müssen? Habe ich nicht vom ersten Tage an eine Patenschaft für diese jungen Leute übernommen? Es scheint nur folgerichtig, dass er ausgerechnet mich gewählt hat, um ihr seine Gefühle zu offenbaren. Wer wäre besser geeignet, diese einzigartige Liebe zu besiegeln? Eine gewiss sehr romantische Auslegung, an der ich festhalten möchte, nein, festhalten muss. Der Glaube daran hilft mir, mein Schicksal zu akzeptieren. Nur so erhält mein Sterben einen Sinn.

Ich bitte Sie jetzt, mich zu entschuldigen. Ich werde mich ganz der Beobachtung dieser aufflammenden jungen Liebe hingeben. Jede mir noch verbleibende Minute will ich bewusst erleben, derweil ich mich in aller Stille auf mein eigenes Erlöschen vorbereite.

Erblühendes Herz
im Rosenrausch

Ulrike Schilling

meine Liebe in dich gelegt
wie in eine Wiege
umhüllt von Sanftmut
verwegen dein Blick
der mich zu dir verführt
gefesselt vom Glanz deiner Augen
ein Hauch von Verruchtheit
schickt den betörenden Duft
betupft die wilde Liebesblüte
sinnliche Verwehungen
entfachen die Glut
des verliebten Herzens
hingegeben
die lang gehüteten Träume
erwachen
doch nicht verloren
der Grund
warum

Schlehenleben

Karla Reimert

Wir sind längst
unsere Worte

Jede dem Dorn
abgetrotzte Berührung

fällt
übernächtigt
aus unseren Fingern

Schlehen-schwarz-blau

Geliebter
Den Mund voll Zweige
wollen wir blühen

als wäret ihr dort
im Parklicht

die Familie der Rosen

»Rosendate«

Stephan Sigg

185 cm, schlank, schwarze Haare, eine rote Rose. Bei jedem Mann, der ungefähr in die Altersgruppe zwanzig bis fünfundzwanzig passte, spielte Mariella die drei Kriterien durch. Sie brauchte nur dazustehen, herumzublicken und das Spiel immer wieder von neuem anzuwenden. Jetzt war sie bei Typ Numero 17 angekommen und wartete seit einer Viertelstunde. Sie fror. Eine unangenehme Feuchte in der Luft. Der Verkehr rauschte lauthals vorbei. Sie hätten sich wirklich einen romantischeren Treffpunkt aussuchen können als diesen Flecken hier zwischen Bushaltestelle und Supermarkt.

Kam er tatsächlich? Oder hatte ihn den Mut verlassen? Hatte er sie nur verarscht? Hatte er Probleme, das Cybernet real werden zu lassen? Sie zog den Reissverschluss ein paar weitere Millimeter nach oben. Bald hätte er ihren Hals erreicht. Nein, er würde kommen. Was anderes würde nicht zu ihm passen. Er nahm sie nicht auf den Arm. Er hatte ihr nichts vorgemacht. Seit über zwei Monaten chatteten sie miteinander. Er hatte sie angeklickt, weil ihr Name ihn neugierig gemacht hatte. ›Ocean Roses‹. Er war schuld an schlaflosen Nächten, schuld, dass sie manche Vorlesung verpasst, die Semesterarbeit vergessen und manche Shoppingtour mit Ella geschwänzt hatte. Es musste ihm ernst sein. Sie wusste so viele Dinge über ihn, hatte so viel erfahren von seinem vergangenen Leben und wie er sich das zukünftige ausmalte. Sie kannte ihn besser als ihren Bruder. Alles hatte er ihr anvertraut. Das hatte noch kein Typ vor ihm gemacht. Er war so völlig anders. So erwachsen und doch so witzig. So verständnisvoll und zugleich humorvoll.

Mariella spürte, wie ihr Herz schneller klopfte. Es war nicht ihr erstes Chatdate. Im Gegenteil. Sie war ein alter Hase im Geschäft. Aber bei Chris war es etwas anderes. Es war mehr als bloss eine coole Chatbekanntschaft. In den letzten zwei Monaten hatte sich etwas entwickelt. Ob sie es wollte oder nicht. Dagegen kam sie nicht mehr an. Mariella appellierte an ihre Vernunft. Wie hatte es bloss passieren können, dass wieder mal ihre Naivität die Zügel an sich gerissen hatte?

Es konnte nicht sein, dass man sich in einen Chatpartner, den man weder gesehen noch gehört hatte, verliebte. Das passierte vielleicht im Film, aber nicht im Leben und schon gar nicht in ihrem. Aber sie musste sich eingestehen, dass Chris – sofern er sich korrekt beschrieben hatte – ihr Typ war. Wenn er ihr ein Foto von sich geschickt hätte, dann wäre es jetzt einfacher gewesen. Dann hätte sie sofort gewusst, ob er es war. Aber er hatte behauptet, kein Bild zu haben.

Eine Rose näherte sich in schneller Geschwindigkeit. Die rote Farbe brachte ihre Netzhaut sofort zum Vibrieren. Endlich! Mariella hielt den Atem an. 185 cm, checkte sie. Okay. Schwarze Haare. Okay. Rote Rose. Bingo. Der Jackpot war geknackt. Der Lippenstift saß, die Frisur perfekt, das Lächeln ehrlich. Das Kleid passte wie angegossen. Doch dann fühlte sie einen gewaltigen Schlag, der sämtliche Innereien von einer Seite auf die andere warf. Shit. Sie wäre am liebsten davon gerannt. Ihre Netzhaut vibrierte nicht mehr. Ihr Lächeln hatte sich in Luft aufgelöst und bestimmt hatte auch ihr Lippenstift an Glanz verloren. Nie mehr Blinddate, nie mehr Chatdate, sagte die Stimme in ihrem Kopf mit einer Kühle, die selbst Queen Elizabeth verstört hätte. Damit hätte sie nicht gerechnet. Der totale Schuss in den Ofen. Der Typ war mindestens dreissig Jahre alt. Und trug einen Bart, braune Cordhosen, ausgetretene Schuhe. Der Chris im Chat war 20, trug Levis und allerhöchstens einen coolen Dreitagebart. Aber nicht so. Er hatte sie tatsächlich hinters Licht geführt. Sie versuchte weiter zu lächeln. Sie wollte sich nichts anmerken lassen. Aber der Abend war gelaufen. Daran konnte sie nichts ändern. Die letzten zwei Monate waren für die Katz gewesen. Sie wollte jetzt gar nicht die Stunden zusammenzählen, die sie an diesen Reinfall verschwendet hatte. Es waren bestimmt einige Tage von ihrem Leben. Sie würde ihn mit einem neutralen »Hal-

lo« begrüssen, dann mit ihm was trinken gehen, einige Häpp-
chen Oberflächlichkeiten um sich werfen, irgendein Getränk
in kleinen Schlucken möglichst schnell leer nippen. Das gan-
ze würde aber nicht mehr als eine Stunde in Anspruch neh-
men. Da war sie sicher. Der Mann war nicht ihr Typ. Zu alt,
zu ungepflegt, zu unsympathisch. Er würde nicht Teil von ih-
rem Leben werden. Einmal und nie wieder.

»Hallo«, rief sie. Sie winkte zaghaft. Sie wollte sich jetzt kei-
ne Blösse geben. Doch der Mann rannte einfach weiter. Er
schaute sie nicht mehr an. Sie wirbelte herum. Was sollte das?
Klar, sie war nicht die neue Claudia Schiffer, aber auch wenn
man sie nicht gerade für den Laufsteg engagierte, war sie für
diesen bärtigen Typen eindeutig eine Nummer zu gross. Und
jetzt wollte er sie hier einfach links liegen lassen? So tun, als
hätte er sie nicht gesehen? Was hatte er sich den erwartet?
Sie hatte nicht übertrieben mit ihrem Selbstporträt. Die Er-
wartungen möglichst tief halten, dann war das Gegenüber nie
enttäuscht. Das war die beste Methode. Er hatte sie angelo-
gen, sie hatte die Wahrheit gesagt.

Chris sprang über den Fussgängerstreifen und dann mitten
in die Arme einer pummeligen Frau mit brauner Ponyfrisur.
Die hatte auch schon länger gewartet. Mariella atmete erleich-
tert aus. Sie grinste. Fehlalarm. Puh. Dabei hatte sie die Hys-
terie heute in den Keller sperren wollen. Da hatte sie zu früh
den Teufel an die Wand gemalt. Chris würde eindeutig bes-
ser aussehen. Chris wäre ihr Typ. Chris wäre ihr Traummann.

Sie ging ein paar Schritte. Sie musste sich beruhigen. Am
liebsten hätte sie jetzt ihren Taschenspiegel hervorgezogen
und kontrolliert, ob die Schocksequenz ja keine Spuren hin-
terlassen hatte. Doch sie liess es bleiben. Womöglich war
Chris schon in Sichtweite und sie hatte kein Interesse, als Tus-
si abgestempelt zu werden. Denn das war sie eindeutig nicht.
Zur Beruhigung dachte sie an die nächste Jura-Vorlesung. Sie
musste unbedingt noch ein Buch ausleihen.

Der Strauss verwirrte sie. Darum blickte sie erst gar nicht
hin. Erst als sich der Strauss auch nach fünf Minuten nicht

vom Flecken bewegte, nahm sie ihn genauer unter die Lupe. Eine Rose, hatten sie vereinbart. Warum einen ganzen Strauss? Sie kniff die Augen zusammen. Es war zu dunkel, um den Rosenträger in Details zu erkennen. Er trug eine Mütze. Aber keine Brille. Und gross war er auch. Ob es tatsächlich 185 cm waren, konnte sie aus der Distanz nur erahnen. Sie musste näher ran. Jetzt war es schon viertel nach sieben. Das konnte nur Chris sein. Während sie in langsamen Schritten auf ihn zuging, blickte sie konsequent auf den Boden. Der Weg war endlos. Sie konnte es nicht ausstehen, wenn sie beim Gehen beobachtet wurde. Dann schoben sich endlich die beiden spitzen Schuhe in ihr Blickfeld. Sie blieb abrupt stehen. Spitze Schuhe? Warum trug Chris Frauenschuhe? Erschrocken hob sie ihren Kopf und starrte in Chris' Gesicht. Sie lief kreidebleich an.

Natürlich hatte sie die wichtige Frage nicht gestellt. M oder W. Es war eindeutig gewesen. Warum hätte Chris sie sonst als erstes gefragt, ob sie noch Single war? Chris war ein Männername. Mariella brachte kein Wort heraus. Beklommen starrte sie in den Rosenstrausss. Sie sahen teuer aus. Mindestens fünfzehn Stück. Sie musste hier weg. Was wollte sie mit einer Frau?! Und sie hatte in den vergangenen beiden Monaten nicht gecheckt, dass sie mit einer Frau chattete. Jetzt war ihr klar, warum sie Chris so toll gefunden hatte, so offen, ehrlich, verständnisvoll. Ohne ein einziges Mal auf den sexuellen Bereich abzuschweifen. Gerade das hatte sie so geschätzt. Sie kam sich vor wie eine absolute Chat-Anfängerin. Zum Glück waren selbst ihre Blutgefässe zu geschockt als dass sie ihre Backen rot gefärbt hätten. Chris war kein Mann. Es wäre zu schön gewesen, um wahr zu sein. Chris gab es höchstens in den Träumen. Oder in den Liebeskitschromanen, die sich Mariella als Kontrast zum komplizierten Uni-Lesestoff regelmässig reinzog. Sie hätte schon viel früher merken müssen, dass etwas nicht stimmen konnte, dass es zu perfekt, zu ideal, zu wunderbar war. Und vor allem diese eine Frage hätte sie stellen müssen, eine Frage, die jeder halbwegs normale Chatter stellte, wenn der Name nicht eindeutig war.

»Ist was?«, fragte Chris, der nicht Chris war. »Stimmt was nicht mit dir?«

»Sorry, aber das muss ich erst verdauen«, sagte Mariella mit trockenem Hals.

»Du wirst auch mal einen Rosenstrauss bekommen«, meinte Chris. »Da bin ich mir ganz sicher.«

»Die Rosen sind nicht für mich?« Chris grinste.

»Für dich? Nein, warum meinst du?« Im Hintergrund öffneten sich zischend die Bustüren. Chris drehte sich hektisch um.

»Ich muss los. Alles Gute.« Und dann war sie weg. Mariella schwitzte am ganzen Körper. Sie mahnte sich zur Ruhe. Völlig durchgeknallt war sie heute. Rosen, Rosen, Rosen. Sie wollte keine mehr sehen. Jetzt war es gleich halb Acht und sie noch immer alleine. Es wäre schon lange Zeit gewesen, den Lippenstift nachzuziehen. Aber statt nach der Handtasche griff sie nach dem Handy.

»Er hat mich voll versetzt«, krähte sie in das Gerät. Ella sagte nichts.

»Er hat mich voll verarscht.«

»Ich hab dir doch immer gesagt, dass solche Chat-Sachen doof sind«, erwiderte Ella genervt, »und vor allem die Idee mit der Rose. Das ist so was von abgedroschen.« Mariella verdrehte die Augen. Das wusste sie mittlerweile auch selbst. Sie brach die Verbindung ab. Wenn sie sich beeilte, würde sie den nächsten Zug noch erreichen. Dann wäre sie in dreissig Minuten zu Hause. Dann würde sie alle E-Mails und Messages von Chris löschen und endlich wieder Mal fernsehen. Sie hatte diesen Chat wirklich nicht nötig. Und sie würde mit keinem mehr ein Wort über den heutigen Abend verlieren.

»Ocean Roses?« Mariella drehte sich zitternd um. Ein süßer Duft wirbelte in ihre Nasenflügel. Sie atmete begeistert ein. Vor ihrer Nase thronte eine rote Rose. Sie sah sehr frisch aus. Das konnte nur er sein. Da gab es keine Diskussion. Sie brauchte nicht einmal ihren Kriterienkatalog durchzuspielen. Das ergab sich alles von selber. Ihr Lächeln formte sich von ganz alleine. Das war ein gutes Zeichen. Das war mehr als bloss ein leichtes Zittern ihrer Netzhaut. »Ocean Roses?«

»Elto20«, rutschte es ihr heraus. Sie hätte sich ohrfeigen können. Warum blieb sie jetzt nicht einfach cool? Die Rose entfernte sich. Chris lächelte sie an.

»Musstest du lange warten? Sorry, der Bus hatte Verspätung.« Sie schüttelte den Kopf und fixierte seine Augen. Braun. Die Haare schwarz, 180 cm gross, kein Bart, keine Brille. Er sah so aus, wie er sich vorgestellt hatte.

»Wohin gehen wir?« Auf Wolke sieben, dachte sie und sagte: »Da drüben gibt es eine tolle Bar.«

2 mal 21 Rosen

Roland Künzel

Als ich in den Bus stieg, besass ich einen dicken Strauss roter Rosen. Als ich ausstieg, war er weg. Leider merkte ich das erst an der Strassenecke vor Annikas Haus. Ich hatte ihn liegen lassen. Einundzwanzig dunkelrote Rosen. »Samtdunkelrot«, hatte die Verkäuferin behauptet und hinzugefügt: »Sorte Erotika.« Offenbar ahnte sie, was ich vorhatte. Oder sie wollte mir den Preis schmackhaft machen: 42 Euro. Zwei Euro für jedes Lebensjahr. Und noch zwei Minuten bis halb vier. Annika hatte mich zum Geburtstags-Kaffee eingeladen. Nur mich. Die Party würde erst am Wochenende stattfinden.

Mir war klar, worauf ich mich einliess. Sie wohnte noch bei ihren Eltern. Und ich war der erste Freund, den sie sozusagen offiziell vorstellen wollte. Ich hoffte, auch der letzte, denn ich liebte sie. Allerdings wurde im Hause Kröger auf Etikette geachtet – kein Wunder bei einem Haus, das im vornehmen Vorort Schönau lag - und zur Etikette gehörte auch Pünktlichkeit. Ich hatte noch neunzig Sekunden, um nicht mit leeren Händen dazustehen. Neunundachzig. Die Katastrophe nahte. Ausgerechnet jetzt fielen mir Berichte von Menschen ein, die ihr letztes Stündlein kommen sahen und in dieser misslichen Lage ihr ganzes Leben an sich vorüber ziehen liessen. Bei mir war es eine spannende Revue – von der Einschulung bis zum ersten Kuss – aber sie kostete mich wertvolle zwölf Sekunden.

Ich spendierte mir weitere Sekunden, um Problem-Lösungs-Strategien zu entwickeln. Es gab zwei Alternativen. Die erste hiess: Leere Hände, pünktlich, ehrlich. Die zweite: unpünktlich, aber mit einem Rosenstrauss aus dem nächsten Blumenladen – wo immer er auch sein mochte. Gnadenlos rückte der Sekundenzeiger vor. Immerhin, so lobte ich mich selbst, schaffst du es, im Angesicht existenzieller Bedrohung deine Lage glasklar zu analysieren, und das ist besser als ziellose Panik. Schon wollte ich mich für die erste Möglichkeit entscheiden: Flucht nach vorn. Ehrlich währt am längsten. Wenn man sich liebt, sind Äusserlichkeiten zweitrangig. ...wollte ich mich für die erste Möglichkeit entscheiden, als mein Blick auf ein Rosenbeet genau vor meinen Füssen fiel. Es gehörte zu einem grosszügigen Vorgarten, der zur Strasse hin offen war. Die Rosen waren nicht nur rot, sie waren samtdunkelrot. Erotika. Kein Zweifel! Kein Zögern. Ich klappte mein Taschenmesser auf. Die dritte Alternative. Die Rettung. Schräg anschneiden. Einundzwanzig Mal. Danach wirkte das Beet seltsam leer. Dafür hatte ich volle Hände und klingelte pünktlich um halb vier bei Annika, die glücklicherweise erst auf dem übernächsten Grundstück wohnte.

Sie trug ein langes, geblümtes Kleid und sah hinreissend aus. Ihre blonden Haare fielen offen auf den Rücken und umspielten ein Stillleben aus Kornblumen, Lilien, Hyazinthen und - Rosen.

»Herzlichen Glückwunsch zum Geburtstag!«, sagte ich artig, nachdem wir uns geküsst hatten. »Und vielen Dank für die Einladung. Ich habe eine Kleinigkeit mitgebracht.« Nach dieser Vorrede wechselten 21 Rosen den Besitzer.

»Die sind ja prachtvoll«, sagte Annika und lotste mich ins Esszimmer. Dort warteten ihre Eltern und eine festliche Kaffeetafel. Sie stellte mich vor: »Das ist Jonathan Lietz.«

»Ein wundervoller Strauss«, lobte Frau Kröger, und auch ihr Gatte nickte anerkennend. Ich atmete erleichtert auf und setzte mich. Kurz darauf drang das Klimpern von Schlüsseln aus der Diele.

»Kommt noch jemand?«, fragte ich. Annika war schon aufgesprungen.

»Das ist meine Oma. Sie wohnt nur zwei Häuser entfernt.« In der Diele entspann sich ein längeres Gespräch, von dem man im Esszimmer zwar nicht den Inhalt, aber doch die Stimmung mit bekam. Die Oma schien sehr aufgeregt zu sein. Ich übrigens auch. Zwei Häuser entfernt. Aufregung. Warum? Fehlte etwas ... vielleicht im Vorgarten? Wieder analysierte ich in Sekundenschnelle die Lage und kam zu einem klaren Ergebnis: Sie war nicht nur ernst. Sie war hoffnungslos. Oder?

Annika und ihre Grossmutter betraten das Esszimmer. In ihrem fliederfarbenen Kleid und mit ihrer tadellosen Frisur hätte man sie mit der Queen verwechseln können. Doch sie schien nichts von englischer Höflichkeit zu halten. Ohne Begrüssung kam sie sofort zur Sache.

»Meine Rosen sind weg«, sagte sie. Ich war empört, denn sie log. Die Rosen waren da. Sie standen vor ihr auf dem Tisch, aber das schien sie gar nicht zu bemerken. Wobei, hielt ich ihr zugute, die Frage nach der Wahrheit hier auch eine Frage des Standpunkts war. Von ihrem Standpunkt aus waren sie weg und von meinem her gesehen waren sie da. Von wegen ewige Wahrheiten, meine Herren Philosophen – Kant, Sokrates und wie ihr alle heissen mögt! Diese Oma kommt ins Esszimmer und rüttelt an den Grundfesten unserer Welt, weil sie eine Aussage macht, die sowohl wahr als auch falsch ist. Oder wackelten in diesem Moment etwa meine Fundamente?

»Ich habe sie nur für Annikas Geburtstag gepflegt.« Jetzt bekam ihre Stimme einen jammernden Unterton. Hätte die Queen je gejammert? Ihre Klage gipfelte in zwei weiteren Lügen: »Es war eine ganz ausgefallene Sorte. ‚Feuer von Capri‘. Purpurrot.« Sie log schon wieder, und das, ohne rot zu werden! Fast wäre ich aufgesprungen und hätte protestiert: »Stimmt nicht! Erotika! Samtdunkelrot!« Kein Wunder, dass der moralische Verfall der Menschheit fortschreitet, wenn nicht einmal mehr die alten Leute ein Vorbild an Wahrhaftigkeit geben können! Zwei Lügen auf einmal ... Sollte ich mich mit dieser Familie wirklich näher einlassen? Aber ... Ich wurde unsicher ... Vielleicht hatte die Verkäuferin geschwindelt und mir gar nicht Erotika, sondern Feuer von Capri verkauft? Wurden um mich herum Lügen verbreitet und Intrigen gesponnen? Stand ich etwa im Zentrum eines Komplotts? Aber warum ausgerechnet ich? Ich hob den Kopf und sah in vier Paar Augen, die ernst und erwartungsvoll auf mich gerichtet waren.

Da ich mein Leben schon vorhin hatte Revue passieren lassen, gewann ich Zeit zum Rechnen. Ein Paar sind zwei, also musterten mich vier mal zwei, das heisst, acht Augen. Acht Augen bedeutete ebensoviel Ziliarmuskeln, aber ein Vielfaches davon an Linsenbändern, wiederum aber nur acht Glaskörper, wobei ich eventuelle Glasaugen – man konnte nie wissen – nicht berücksichtigte. Und dann der blinde Fleck! Die Rettung! Acht blinde Flecken! Ich erinnerte mich, wie wir in der Schule unsere Biologiebücher vors Auge gehalten hatten und plötzlich war das Kaninchen verschwunden und der Fuchs hatte das Nachsehen. Es war seinem Verfolger entkommen. Entkommen!

Hinter blinden Flecken
kannst du dich verstecken.

Ich verstehe bis heute nicht, warum ein Mensch am Rande des Abgrunds noch in der Lage ist, zu dichten. Wahrscheinlich entwickelt er ungeahnte Kräfte, und die konnte ich in meiner Situation gebrauchen. Es gab keine Rettung. Oder doch? Eine winzige Chance, dem Verhängnis zu entgehen? Nicht aufgeben! Ich atmete tief durch und sah die Oma durchdringend an. Sich den Mächten des Schicksals entgegen stellen. Den Kampf aufnehmen. Vielleicht war mit Körpersprache und Gedankenübertragung etwas zu retten: Leere Handflächen präsentieren. Resigniert mit den Schultern zucken. Eine leichte Kopfbewegung zu den 21 prächtigen Rosen auf dem Tisch. Das Ganze noch einmal wiederholen. Ganz langsam. Ein Stossgebet – und es wurde erhört. Es wurde erhört! Mitten in die Unerträglichkeit des Seins hinein begann die Oma plötzlich, schallend zu lachen – so heftig, dass sie sich setzen musste. Die blutrünstigen Augenpaare liessen von mir ab, so dass ich unbemerkt den Schweiss von meiner Stirn wischen konnte.

»Da haben wir euch aber einen Schreck eingejagt!«, stiess die Oma atemlos hervor, immer noch von einem Glucksen und Jauchzen unterbrochen. Jetzt waren acht Augen auf sie gerichtet. Die Spannung stieg. Wie würde sie die Quadratur des Kreises lösen?

»Es war ein abgekartetes Spiel«, fuhr sie fort und lächelte ihre Enkeltochter an, »zwischen deinem Freund und mir. Du weisst, dass ich mich nicht mehr bücken kann. Und einen Strauss dorniger Rosen kann ich schon gar nicht schneiden. Deswegen unser Geheim-Abkommen: ich dünge und giesse. Herr Jonathan schneidet sie und überreicht dir einen Strauss aus 21 Rosen. Zu deinem Geburtstag.« Annikas Augen glänzten feucht, als sie ihre Oma umarmte und ihr einen Kuss gab. Der zweite Kuss war für mich.

»Ihr seid so lieb zu mir. Die Überraschung ist euch gut gelungen!«

Am liebsten hätte ich die Oma auch umarmt. Königlich, wie sie die Situation gemeistert hatte. Sie sah nicht nur aus wie die Queen. Vielleicht war sie es auch? Inkognito? Auf jeden Fall sollte man eine Rose nach ihr benennen. Königin der Liebe oder so ähnlich. Sie blinzelte mir zu, und ich blinzelte zurück. Geschafft. Vom Rosendieb zum Rosenkavalier. Wo aber Gefahr ist, wächst das Rettende auch. Hölderlin? Egal.

Frau Kröger reichte Prosecco. Wir stiessen auf das Geburtstagskind an. Als Herr Kröger einen Toast auf seine Tochter ausbringen wollte, klingelte es. Annika ging zur Tür. Sie kam mit einem prachtvollen Rosenstrauss zurück. Ich erkannte ihn sofort. Erotika. Samtdunkelrot. Aus der Blütenfülle ragte eine Karte, und auf ihr stand in grossen, roten Buchstaben »Für meine liebste Annika zum 21. Geburtstag.«

»Frau Häusler hat den Strauss im Bus gefunden. Als sie die Karte sah, wusste sie sofort, dass er für mich ist. Jemand muss ihn vergessen haben. Aber wer?« Annika legte die Stirn in nachdenkliche Falten. Und wieder zogen längst vergessene Episoden der Kindheit und meiner auf ein tragisches Ende zusteuernden Jugend an mir vorbei. Vorbei. Eben hörte ich mich noch scheinbar ahnungslos fragen: »Na, wer ist denn dein zweiter Verehrer?«, da drehte sie die Karte um. Ich wusste, was auf der Rückseite stand. Annika las es laut vor: »Dein Dich liebender Jonathan.«

Es ist einfach faszinierend, wie schnell der Selbsterhaltungsapparat des Menschen in solchen Extremsituationen in Gang kommt. Blitzartig entwickelt man Strategien: Ein Doppelgänger namens Jonathan. Aber mit meiner Schrift? Verworfen. Zweiter Ansatz: Der Pakt mit Oma. Und, präventiv, falls gewissenlose Diebe ihren Vorgarten plündern sollten, wurde ein zweiter Strauß gekauft. Sicher ist sicher. Doppelter Strauss, doppelte Liebe. Klang nicht überzeugend. Also: Drittens ... dritter Ansatz ... und mir kam eine atemberaubende Idee: Die Wahrheit zu sagen.

Rückblickend weiss ich nicht mehr genau, was ich den vier staunenden Menschen am Esszimmertisch alles erzählt habe. Ich erinnere mich nur noch, dass ich von drei Wegen sprach, die ich hätte gehen können. Und dass ich mich für einen entscheiden musste. Zwei Wege wären unangenehm und steinig gewesen, weil ich mein Versäumnis hätte zugeben müssen: Entweder pünktlich, aber mit leeren Händen, oder aber mit Strauss und dafür unpünktlich. Der dritte Weg sei mir wie ein Geschenk des Himmels erschienen: Pünktlich mit Strauss. Der perfekte Verehrer. Das Ei des Kolumbus. Ein faules Ei. Der breite Weg ins Verderben. Diebstahl und Lüge. Das Scheitern, wenn man nur dem Feuer der eigenen Leidenschaft folge und alles andere ausser Acht liesse. Es täte mir leid. Im Esszimmer hörte man nur noch das Ticken der Wanduhr. Ganz laut. Auf dem Tisch standen zwei prächtige Rosensträusse. Sie leuchteten drohend wie das Fegefeuer.

Es blieb der Oma vorbehalten, das peinliche Schweigen zu brechen. Sie wandte sich an ihre Tochter: »Wie alt wirst du morgen? 42? Um Mitternacht binden wir beide Sträusse zusammen. 42 rote Rosen! Eine schöner als die andere! Und so lange muss Herr Jonathan noch bleiben.« Königlich, liebe Oma, dachte ich, du bist einfach königlich.

Als Annika mich nach Mitternacht mit einem langen Kuss verabschiedete, wusste ich, dass der Rosenkrieg zu einem glücklichen Ende gekommen war. Am nächsten Morgen fühlte ich mich allerdings gar nicht glücklich, weil ich meine Aufregung mit mindestens 21 Bierchen in einer Kneipe bekämpft hatte. Erfolglos.

Und wenn sie nicht gestorben sind, dann leben sie noch heute.

Für Annikas Oma gilt das leider nicht. Sie starb ein Jahr nach unserer Hochzeit. Ihre Ur-Enkelin Rosemarie hat sie aber noch kennen gelernt. Von ihrem Grab leuchtet immer ein frischer Rosenstrauss. 21 rote Rosen – legal erworben, schräg angeschnitten. Ich weiss, was ich ihr schuldig bin.

Damals

Romin Hartmann

Damals - als ich Dich das erste Mal sah,
mit einer Rose in Deinem Haar,
mit diesem Lächeln um den Mund,
mit Deinem Denken fern von uns,
aber mit Deiner Stimme gerade hier
- dachte ich, das machen wir!

Rosen an Deiner Seite

Sandra Mai

Es sei ohne Bedeutung
Und das Gestern lange her
Vor dem Fenster Hagebutten –
Träume von Blüten im Sonnenschein
Nur ein Gedankenspiel
Auf der Suche nach Unendlichkeit

Träumt die Sonne von den Rosen?
Ich hatte stets daran gedacht –
Schon vor den Knospen
Waren Dornen da
An denen ich mich stach
Wenn ich nicht richtig hinsah

Doch die Rosen blühten
Als wir durch die Strassen gingen
Eingehakt Arm in Arm
Sah ich nur die Blumen –
Dornen duften nicht
Und die Hagebutten war'n noch weit

Eine Rose im Winter

Fran Henz

»Dimitri, du bist ein Narr.« Juris Stimme klang verächtlich, doch Dimitri liess sich davon nicht beirren. Seine Hand zitterte nicht, als er den zarten Stängel der Rose mit einem scharfen Messer durchschnitt.

»Wie willst du sie nach St. Petersburg bringen, der Frost draussen lässt die Luft klirren. Deine Rose ist Abfall, sobald du auch nur einen Schritt nach draussen machst.«

»Juri, du hast mich auch einen Narren genannt, als ich dir gesagt habe, dass ich mitten im Winter eine Rose ziehen werde.« Dimitri lächelte versonnen.

»Du siehst, es ist mir gelungen.«

»Aber um welchen Preis.« Juri sah sich um. Noch im Frühjahr waren unzählige Regale mit Büchern und einige wacklige Möbel in diesem Zimmer gestanden. Aber jetzt gab es ausser einem Bett und einem Tisch nichts mehr – nur die seltsame Konstruktion seines Freundes, eine Art Ofen, der ohne Unterlass über ein Gestänge Wärme und Licht in einem gläsernen Kegel erzeugte. Und in diesem Kegel war bis vor wenigen Minuten ein Topf mit einem kleinen Rosenstock gestanden.

Der Raum selbst war so kalt, dass der Atem in dichten Wölkchen von Mund und Nase hing. Aber das bekümmerte seinen Freund Dimitri nicht. Dimitri sah nicht die Opfer, die er gebracht hatte, die verbrannten Bücher, die zerhackten Möbel. Er sah nur die Rose, die aus all dem entstanden war. Und die er heute Abend seiner grossen Liebe überreichen wollte.

Ivana Perikowa, die berühmte Sopranistin. Sie hatte am Zarenhof gesungen und vor dem französischen König. Ihre Stimme rührte die Herzen der Menschen, ihre Schönheit öffnete ihr alle Türen. Heute Abend gab sie ein Konzert in der Oper von St. Petersburg. Dort wollte Dimitri ihr seine Rose überreichen und ein kleines Billet mit einem selbstverfassten Gedicht als Ausdruck seiner Verehrung. Sie würde die Bedeutung dieses Geschenks erkennen, das so einzigartig war wie sie selbst. Eine Rose im Winter.

»Ich trage sie an meinem Herzen, Juri. Siehst du?« Dimitri schob sein Hemd zur Seite und bettete die Rose an seine Brust. Darüber legte er die Hälfte eines geflochtenen Weidenkörbchens und zog das Hemd wieder an seinen Platz.

»Hilf mir in die Jacke meines Anzugs, Juri, und bring mir den Mantel. Ich muss mich sputen, wenn ich die Postkutsche noch erreichen will.« Sobald er angezogen war, riss er die Türe der Kate auf und stapfte ins Freie. Juri folgte ihm kopfschüttelnd. Die Luft klirrte vor Kälte, der Himmel leuchtete in mitleidlosem Blau. Dimitri stieg in die Postkutsche und winkte Juri zu.

»Wünsch mir Glück, Freund!« Juri brummte etwas Unverständliches in seinen Bart und machte sich auf, seine eingefrorenen Knochen in Pjotrs Schankstube zu wärmen.

Am späten Nachmittag erreichte die Postkutsche St. Petersburg. Dimitri beschloss, die Zeit bis zum Abend im Bahnhof zu verbringen. Zwar war auch hier nicht geheizt, aber der Frost schnitt nicht so scharf in sein Gesicht wie auf den Strassen der Stadt. Eine Teestube aufzusuchen konnte er sich nicht leisten. Seine letzten Münzen hatte er für die Kutschenfahrt ausgegeben, er machte sich keine Gedanken darüber, wie er zurück zu seiner Kate kommen würde. Nur das Hiersein zählte. Behutsam berührte er seine Brust. Unter den Schichten seiner Kleidung spürte er die Wölbung des Weidenkörbchens und die sanfte Liebkosung der Blätter seiner Rose. Er schloss die Augen und erinnerte sich, wie er Ivana Perikowa das erste Mal gesehen hatte. Es war bei einem Sommerfest des Fürsten Vaskerian gewesen. Er durfte dort als Stallknecht aushelfen und Ivana hatte mit ihrer wunderschönen Stimme ein altes Volkslied gesungen. Sie war auf der blühenden Wiese gestanden, die Sonnenstrahlen hatten ihr blondes Haar zum Leuchten und die Juwelen an ihrem Hals zum Funkeln gebracht. Er hatte wie verzaubert gelauscht, Ivanas Stimme berührte sein Herz. Und seine Seele. An diesem Tag war es ihm nicht gelungen, mit ihr zu sprechen. Aber seitdem war er von dem Gedanken besessen, ihr ein kleines Geschenk zu machen, das seine Verehrung zum Ausdruck brachte.

Natürlich wusste er, dass seine Zuneigung – Liebe wagte er es nicht zu nennen – nicht erwidert wurde. Nicht erwidert werden konnte. Zu unterschiedlich waren die Welten, in denen sie sich bewegten. Aber ein Lächeln, ein Wort des Dankes aus ihrem Mund, mit ihrer Stimme, das war alles, was er sich wünschte.

Bei Anbruch der Dämmerung machte er sich auf den Weg. Einem Märchenschloss gleich lag das Opernhaus schliesslich vor ihm. Helles Licht strömte durch die hohen Fenster nach draussen. Als er zum Bühnenausgang ging, hörte er leise Musik, die Ivanas Stimme wie ein kostbarer Rahmen umfing. Er lehnte sich an die Wand der Oper. Das Paradies konnte ihm keine grösseren Freuden bereiten. Applaus und Jubel mischte sich in die Musik und Dimitri verliess seinen Platz, um sich beim Bühnenausgang zu postieren, damit er Ivana Perikowa sein Geschenk überreichen konnte. Zu seinem Bedauern musste er feststellen, dass er nicht der Einzige war. Ein gutes Dutzend Männer drängte sich bereits vor der Tür zusammen. Dimitri sah Mäntel aus teurem Stoff mit Fuchskrägen und dicke Stiefel aus glänzend poliertem Leder. Er blickte an sich hinunter, sah seinen alten, schäbigen Umhang und die Fellstücke, die er um seine dünnen Schuhe gewickelt hatte. Dann straffte er sich. Es war nicht wichtig. Wichtig war sein Geschenk. Keiner der feinen Herrschaften hatte so ein wunderbares Kleinod.

Er zog das Billet aus seiner Tasche und bereitete sich darauf vor, die Rose aus dem Körbchen zu nehmen, sobald die Tür aufgehen würde. Mittlerweile drängten auch hinter ihm Neuankömmlinge, die ebenfalls einen Blick von Ivana erhaschen wollten. Endlich ging die Türe auf. Dimitri sah hoch getürmtes blondes Haar, in dem Edelsteine funkelten. Dann ein Gesicht von überirdischer Schönheit, das über einem Zobelpelz zu schweben schien. Hastig zog er die Rose aus seinem Hemd.

Einer von Ivanas Begleitern bahnte ihr einen Weg durch die Schar ihrer Bewunderer, die klatschten und immer wieder ihren Namen riefen. Dimitri hielt seine Rose mit dem Billet in der ausgestreckten Hand hoch und rief »Ivana, Ivana Perikowa.« Sie lächelte und ihr Blick glitt über die Menge, ohne jemand bestimmten zu sehen.

Dimitri drängte sich weiter nach vorne, seine Stimme wurde lauter, verzweifelter. Die Begleiter schleusten Ivana Perikowa zu der wartenden Kutsche. Dort drehte sie sich noch einmal um und warf eine Kusshand in die Menge. Ungestüm stiess Dimitri die Umstehenden beiseite, um zur Kutsche zu gelangen. Er sah nichts anderes mehr als Ivana, seine wunderschöne Prinzessin, nur wenige Meter von ihm entfernt. Der Boden war glatt, aber Dimitri achtete nicht darauf. So lag er plötzlich auf dem Bauch, die Menschen um ihn trampelten ohne Rücksicht auf seine klammen Finger. Auf seine Rose.

Ungläubig starrte Dimitri auf die roten Blätter, die sich aus dem Kelch lösten und auf den Sohlen der über ihn stolpernden Männer hängen blieben. Schnell wölbte er seine Hand darüber und zog sich auf den Ellbogen weiter, um die Rose mit seinem Körper zu schützen. So blieb er liegen, bis er hörte, dass sich die Kutsche entfernte und die Menge sich verlief. Tränen strömten über seine Wangen und sein Körper bebte. Die Kälte des Bodens frass sich durch seine Kleider. Aber es war ihm egal. Alles war egal. Ob er lebte oder nicht.

Jemand berührte ihn an der Schulter. Unwillig schüttelte er die Hand ab und rollte sich zusammen. Doch die Hand gab nicht auf, sondern packte ihn nur fester, zerrte mitleidlos an seinem Mantel.

»Dimitri, komm. Vasilij ha¹t seine Pelze ausgeliefert und ich hab' ihm dabei geholfen. Wir können mit ihm zurückfahren. Meine Nadenka hat bestimmt ein heisses Süppchen auf dem Ofen, das wärmt dich wieder auf. Und Alexej hat mich

Vielleicht muss man Liebe gefühlt haben, um Freundschaft zu erkennen
Nicolas Sébastien Chamfort, französischer Schriftsteller (1741 - 1794)

gefragt, ob man mit deinem Apparat nicht auch Bohnen zie-
hen kann. Du musst dich unbedingt mit ihm unterhalten.
Gleich morgen. Komm, Dimitri, steh auf.« Juri griff nach sei-
nem Arm und zog ihn hoch.

»Komm, Freund, lass uns nach Hause gehen.«

Ohne Titel

Margitta Lambert

du gehst
an mir vorbei
ich suche
deine Augen
in allen Fenstern -
nur auf meinem
Rocksaum blühen
Rosen

Rosen

Birgit Weidner

Ich kann Rosen nicht leiden. Versteht zwar niemand, aber so ist es nun mal. Alle Frauen stehen auf Rosen, sagt man. Besonders Mann sagt das. Gestehe ich meine Nelken-Vorliebe, ernte ich ungläubige Blicke, höre: »das sind doch Friedhofsblumen.« Niemand schenkt mir Nelken, jeder will mich mit einer Rose beglücken. Rosen hier, Rosen da. Das sind doch Allerweltsblumen. Nur weil die Rose in Deutschland ihren Siegeszug hatte und noch hat, muss ich die doch nicht schön finden. Überall Rosen: in fast allen Gärten, als Werbegeschenke, als Zeichen der Zuneigung, als Duftkreationen, als Tattoo, als das Frauen-selig-machende-und-Herz-erweichende-Mittel schlechthin, in Kuchenform, aus Marzipan, gestickt, gestrickt, gehäkelt. Den Rosenduft empfinde ich als streng. Erinnert mich mehr an ein nasses Stinktier. Nelken aber verströmen einen Duft höchster Sinnlichkeit, ein Wellnesspaket für meine Nase, ein betörender Zauber, den ich noch im kleinen Zeh spüre. Ein Odeur, der die Welt in unermesslichen Liebreiz taucht. Rosen stinken. Sind stachelig. Und glitschig, wenn die Blätter nass sind. Die Stiele sind hart wie Stahl, richtig männlich. Lange, maskuline Stiele mit einem kleinen Köpfchen darauf. Robuste, feste Blätter pieken die feine Frauenhand. Nelken sind weiblich, zart, gebrechlich, mit anschmiegsamem, ungebändigtem Blattwerk drum herum. Die Blüte - ein Prachtstück der Natur. Manchmal denke ich, die Nelken geben mir meine Zuneigung zurück. Sie lächeln mich an. Sie strömen eine unglaubliche Wärme aus. Rosen lassen mich frieren. Sie sind etwas für Mitläufer, für Ja-Sager, für Unreflektierte.

Ich bin nicht mehr die Jüngste. Aber wohl die Agil-ste. Die anderen sitzen daheim. Ich gehe weg. Will ja nicht alleine bleiben. Obwohl ich es könnte. Muss aber nicht sein. Im Café sehe ich meine Jugendliebe. Ich starre, glotze, verlange nach einem Likör. Ich bin aufgeregt wie ein Schulmädchen. Alles in mir wirbelt durcheinander. Sieht der noch gut aus! Er erkennt mich, spricht mich an! Die Stunden vergehen wie im Flug. Ein unvergesslicher Abend. Ich bin völlig weg. Morgens ist er mein erster Gedanke, abends mein letzter. Auch er ist allein. Wieder allein. Aber egal. Ich kriege keinen Bissen mehr hinunter. Nehme zwei Kilo ab. Ich dekoriere meine Wohnung in gelb und orange. Meine Telefonrechnung wird dreistellig, mein Friseur vorstellig. Es klingelt an der Tür. Ich mache die Musik aus. Da steht er - hinter einem überdimensionalen Strauss roter Rosen! Ich habe sie getrocknet. Sie stehen im Zentrum meiner Wohnung, in meiner schönsten Vase. Jedes Jahr zur gleichen Zeit stehen in der Vase daneben frische Rosen. Die Königin der Blumen, sagt man doch. Mein Ring ziert ein Rosenmotiv. Dezenter Rosenduft weht durch meinen Vorgarten. Rosenblätter zieren meine Kerzengestecke, meinen Zimmerbrunnen, meine Bettwäsche.

- rose

Margitta Lambert

Alpen
Christ
Edel
Garten
Hecken
Heide
Kletter
Pfingst
SeeTeeWasser
Anne
Arterioskle
Arth
Fenster
Gesichts
Gürtel
Mat
Neu –

sub rosa:
wenige von ihnen auf Rosen gebettet
dafür blühen manche immer

Eine Rose ist eine Rose ist eine Rose

Vera Hohleiter

Ich sass mit Rafael bei Starbucks am Hackeschen Markt. Wir sassen am Fenster in bequemen, braunen Samtsesseln und beobachteten die Menschen unten auf der Rosenthaler Straße – die Touristen, die an den Ampeln warteten, die langsam liefen und sich die Gebäude ansahen, die Berliner, die einfach über die Strasse rannten, sich abhetzten und weder rechts noch links sahen. Wir beobachteten die gelbe Strassenbahn, die regelmässig vorbeikam und mit kreischenden Bremsen anhielt. Wir beobachteten auch die alte Dame, die gegenüber von Starbucks in einem tristen, grauen Haus wohnte. Jedes Mal, wenn wir bei Starbucks sassen – und wir sassen oft dort –, entdeckten wir sie an ihrem Fenster. Wir wurden nie müde, sie beim Ins-Leere-Starren zu beobachten. Dabei unterhielten wir uns – meistens über Literatur.

Rafael hatte ich in einem Literaturseminar kennen gelernt. Wir hatten beide mit solcher Verbitterung über junge deutsche Literatur gesprochen, dass uns beiden klar war, dass der jeweils andere ein unfertiges oder abgelehntes Romanmanuskript in der Schublade liegen hatte. Nach dem Seminar hatten wir uns unterhalten, waren irgendwo etwas trinken gegangen und waren Freunde geworden.

Wir sassen ziemlich oft bei Starbucks herum, weil wir es für den legitimen Nachfolger der Literatencafés hielten. Dort konnte man stundenlang bleiben, obwohl man sich nur einen Kaffee gekauft hatte. Man wurde nie verjagt oder zu einer neuen Bestellung gezwungen, wie in anderen Cafés.

Wir sassen bei Starbucks und sprachen über die Bücher, die wir gelesen hatten und über die Bücher, die wir schreiben wollten. Manchmal phantasierten wir auch über eine Zeitschriftengründung mit uns beiden als gleichberechtigten Chefredakteuren. Wir malten uns die Einrichtung der Redaktionsräume bis ins kleinste Detail aus. Wir waren uns einig, dass wir eine Redaktionsbar haben wollten, für den Cocktail gegen die Schreibblockade, und eine Praktikantin, die wir mit sinnlosen Aufträgen durch die ganze Stadt schicken wollten – woraus wohl unsere Frustration mit verschiedenen Studentenjobs sprach. Dann kehrten wir aber von unserer Phantasiezeitschrift wieder zurück zu »konstruktiver Arbeit«, wie wir es nannten. – Wir unterhielten uns darüber, was literarisch machbar war und was nicht.

»Es gibt einfach Bilder, die zu abgegriffen sind, um sie noch zu verwenden«, sagte Rafael.

»Was?« Ich rührte in meinem längst kalt gewordenen Cappuccino herum.

»Es gibt Bilder, die man nicht mehr benutzen kann.«

»Ich habe dich schon verstanden. Ich meinte: was für Bilder?«

»Rosen zum Beispiel.«

»Rosen?«

»Ja. Könntest du ein gutes Gedicht oder eine Erzählung über Rosen schreiben, ohne in Klischees zu verfallen? – Die Rose als Sinnbild für Schönheit, Weiblichkeit, Frische oder was auch immer. Könntest du einfach etwas über die Blume schreiben, ohne den ganzen alten Ballast zu verwenden?«

»Ich weiß nicht. Vielleicht.«

»Nein. Könntest du nicht.«

»Wieso nicht? Das müsste doch möglich sein.«

»Okay, du willst es nicht verstehen. Was assoziierst du mit Rosen. Ganz spontan.«

»Die Rose des ‚Kleinen Prinzen‘, der ‚Rosenkavalier‘, ‚Dornröschen‘, ‚Rosenresli‘, ‚der Rosenkrieg‘, ‚die Frauen von der Rosenstrasse‘, ‚Die tätowierte Rose‘. ‚Blüh wie das Veilchen im Moose/Sittsam, bescheiden und rein/Nicht wie die stolze Rose,/Die immer bewundert will sein‘.«

»Wo hast du das denn her?«

»Poesiealbumsvers.« Er konnte sich das Grinsen nicht verkneifen.

»Was? Jedes kleine Mädchen hat ein Poesiealbum. Hattest du denn keins«?

»Ich war ja auch kein kleines Mädchen«, sagte er. »Okay, weiter, was fällt dir noch ein?«

»Ich weiss nicht. Die rote Rose, die weisse Rose, die gelbe Rose, die rosa Rose, ...«

»Zähl nicht die ganzen Rosenfarben auf, die du kennst. Ich meine richtige Assoziationen.«

»Okay. Rosa, die Farbe, die Mädchen schwach macht. Barbierosa, schweinchenrosa, bonbonrosa. La vie en rose. Rosennamen: Rosa, Rosemarie, Rosalia – schreckliche Namen, übrigens. So würde ich nie ein Kind nennen.« Mir fiel nichts mehr ein. »Fällt dir noch etwas ein?«

»‚Der Name der Rose‘, ‚Eine Rose ist eine Rose ist eine Rose‘.«

»Ach ja, die gute alte Gertrude Stein. – Was noch?«

»‚The English Rose‘.«

»Oh, wusstest du, dass Madonna ein Kinderbuch mit dem Titel ‚Die englischen Rosen‘ geschrieben hat?«

»Tatsächlich?«

»Ja, es soll um vier kluge, hübsche Mädchen gehen. – Die ‚Rosen‘. Sie leben glücklich und zufrieden, bis nebenan ein Mädchen einzieht, das noch klüger und hübscher ist. Sie werden furchtbar neidisch auf das neue Mädchen. Eine Fee muss den Rosen dann zeigen, wie man den Neid besiegt.«

»Hm, na ja. Hast du das gelesen?«

»Nein, noch nicht, klingt aber doch gar nicht so übel. Ausserdem haben schon sehr viel dümmere Musiker vor Madonna Bücher geschrieben. So schlecht wird es sicher nicht sein.«

»Mag sein. Fällt dir noch etwas ein?«

»Oh natürlich – ‚Das Gewitter der Rosen‘: Wohin wir uns wenden im Gewitter der Rosen,/Ist die Nacht von Dornen erhellt, und der Donner/Des Laubes, das so leise war in den Büschen,/Folgt uns jetzt auf den Fuß‘.«

»Ich mochte Bachmann noch nie.«

»Ich auch nicht. Wir mussten das in der Schule auswendig lernen. Wir hatten damals eine Deutschlehrerin, die eine Beziehungskrise hatte. Ein Jahr lang besprach sie mit uns nur Literatur, die auf die eine oder andere Weise Paarprobleme thematisierte. Das war absolut krank – Teenager so mit seiner verkorksten Beziehung zu belästigen. Eigentlich unmöglich. Auf jeden Fall war sie ein grosser Ingeborg-Bachmann-Fan. Seitdem habe ich eine ziemliche Abneigung gegen Bachmann.«

»Was noch?«

»,I beg you pardon, I never promised you a rose garden'. Und dann kenne ich noch ein Lied, das Joan Baez mal gesungen hat, in dem es darum geht, dass Menschen, die Angst haben zu lieben und nicht verletzt werden wollen, nicht wirklich leben und nie zur schönsten Rose erblühen werden. Den genauen Wortlaut bringe ich nicht mehr zusammen.«

»Genau das meine ich. Diese kitschige Liebesmetaphorik. Das funktioniert heute nicht mehr. Rilke hat schon in ,Briefe an einen jungen Dichter' geschrieben, dass es fast unmöglich sei, ein originelles Liebesgedicht zu schreiben, ohne in Plattitüden zu verfallen und ohne abgegriffene Bilder zu übernehmen. Es stimmt: eine Rose ist eine Rose ist eine Rose. Es ist nur eine Blume, aber als Bild ist sie so vorbelastet, dass man sie nicht mehr verwenden kann, ohne sich lächerlich zu machen.«

»Also, keine Liebesgedichte. Und keine Rosen«, sagte ich und trank meinen kalten Kaffee aus.

Die Namen der Rosen

Tanja Klemm und Jan Söffner

Ihnen ist ganz warm. Ihre Glieder sind schwer. Ihr Herz schlägt ruhig und kräftig. Die Atmung geht tief und gleichmäßig. Sie gleiten frühlingsverjüngt durch den morgenlichtdurchfluteten Canal Grande. Im Verein mit den Gondeln schwimmen und springen Sie den ‚L'important c'est la rose'-pfeifenden Delfinen hinterher. Sie fühlen sich wohl.

An einem goldenen Palast machen die Delfine halt und ihre Formation fügt sich zu einer lebendigen Treppe. Sie steigen in den Palast hinauf. Die Tür öffnet sich und umflattert von Putten, die nur aus Kopf und Flügeln bestehen und ‚Für mich soll's rote Rosen regnen' skandieren, betreten Sie einen quadratischen Garten. Sie werden eines Dornengestrüpps gewahr. Dicht und unbezwingbar. Überall hängen Leichen drin, von den Leuten, die es schon mal versucht haben. Doch durch Ihre Lippen spricht sich ein Wort, und die Dornen tragen Rosen vor Ihnen her. Sie bilden eine liebliche Gasse, und Ihr Blick wird frei. Ihr Herz aufrecht tragend steht, fast noch Knospe, die schönste aller Rosen in der Mitte. Unbändige Liebe erfüllt Sie und strömt durch Ihre Glieder. »Ich steche Dich«, warnt die schüchterne Königin der Blumen mit erschrockener Stimme. Na dann lieber gleich aufwachen.

Was es wohl heißt, Königin der Blumen zu sein heutzutage? Neben dem König des Rock'n'Roll (Elvis), der Finsternis (Luzifer), der Züge (Orient Express), der Athleten (Tom Pappas), der Bildschirmschoner (Giga), der Gartenteiche (der Zierfisch Koi), neben der Königin der 1000 Jahre (Queen Millenia), der Niederlande (Beatrix), der Operette (Marie Geistinger), des Weltalls und der armen Seelen (Maria), des Bauchtanzes (Fifi Abdou), des Beerenobsts (Erdbeere) und der Herzen (die Rose of England).

Und außerdem: Stimmt das überhaupt? Königshäuser funktionieren über Verknappung und Degeneration – Kordes verkauft stattdessen pro Jahr 3,5 Millionen Rosen, und die Jahrhunderte andauernde inzestuöse Zucht führt hier nicht zu grossen Ohren und an Erdzeitalter gemahnende Lebensspannen, sondern zur Perfektion. Wenn da nicht immer alles voll wäre von gesichtslosen Suchern einer längst abgestorbenen Empfindung, dann wäre der Gang durch einen Rosengarten die pure Künstlichkeit des Glücks.

Gekonnt hat sich die Rose sogar dem Terror der Ganzheitlichkeit entzogen, sie kündet von keinem ins Ungleichgewicht geratenen Mikro- und Makrokosmos. Wenn ihr etwas fehlt, dann fehlt ihr tatsächlich nur das: Gegen Mehltau helfen keine homöopathischen Experimente nach Büchern, vor deren Autorennamen die medizinischen Doktortitel stehen geblieben sind. Sogar unter den Bachblüten findet sich nur ein schwer erziehbares Balg aus einer grässlichen und zum Glück nur noch entfernt verwandten Landadelssippe: die Heckenrose.

Doch nachts, wenn die Blicke schweigen, der Wind im Rosengarten sie beugt, dann kramt die Rose aus ihrem Versteck die Petra hervor und befragt den Psychotest, ob sie sich nach Harmonie sehnt. Später, in unruhigen Träumen, sieht sie sich neben Duftröschen und Schleierkraut als kreative Liebesbotschaft, als zauberhafte Idee prangt sie neben einer hübschen Gerbera im ausgefallenen Hochsommerstrauss, edelgeformt ist sie ein winterharter, knospenreicher Sommerblüher, dessen Rot glücklich macht und befreit. Es bringt nichts, sich hinter Dornen zu verstecken. Literaturbegeisterte, die im wachen Leben nichts so sehr zu meiden versuchen wie ihre eigene Banalität, werden im Traum regelmässig zu dumpfen Prinzen und finden einen ja doch.

Von kaltem Tau gebadet schrickt sie auf. Ein babelischer Turmhut drückt auf ihre seidig lachsfarbenen Blütenblätter. Mit dem unerbittlichen Stolz der Demut wirft sie ihren Augenaufschlag gegen die weit ausladende Krempe. ,Ascot', denkt sie: ,Nicht schon wieder!' Doch trotz der schlimmen Erinnerungen, die sich in ihrem kleinen Rosenhirn entblättern, versucht sie, ihr Herz aufrecht zu tragen.

»Möchtest du dich setzen, Darling?«, fragt sie ‚Superstar‘, ihr Stiefbruder: »‚Golden Gate‘ und ‚Konrad Adenauer‘ gehen gleich für uns zur Kasse.« Die Königin der Rosen errötet. Wie verwirrt sagt sie: »Lass uns Zwanzigtausend auf ‚Tea Time‘ setzen, ja?« – »Auf deinen Schwippschwager? Darling, du verwechselst doch nicht etwa schon wieder die Namen deiner Verwandten mit denen der Pferde!«

Was wohl die kleinen Züchterhirne umtreibt, die sich Rosennamen ausdenken wie: ‚Rumba‘, ‚Maria Callas‘, ‚Nostalgie‘, ‚Osiana‘, ‚Polarstern‘, ‚Lady Diana‘? Deutlich spricht aus diesen Namen die Sehnsucht nach dem Exquisiten und gleichzeitig ein unüberwundener Drang zu einem geradezu obszön nahe liegenden. Auch scheinen die Namen der Rosen allein für die Blumenhändlerinnen erfunden worden zu sein. »Und da hätten wir noch eine Gloria Dei«, sagen sie, wenn wir eigentlich nur ein hübsches Bahnhofsbegrüssungsröschen erwerben wollten, »aber wenn Sie nur irgendetwas Rotes wollen, bitteschön.« Gedemütigt, mit latent schlechtem Gewissen verlassen wir den Laden und werden unseren Liebsten nur noch ein unaufrichtiges Lächeln schenken können.

Vielleicht werden die sich zu allem Überdruss auch noch in eine implizite Spiesserkumpanei hineingezogen fühlen; verlegen, ja pikiert wirkend, beteuern, sich sehr zu freuen, ja doch, sogar über die Rose. Nicht nur in Tirol weiss man schliesslich ein bisschen zu genau, was das bedeuten soll, wenn man sich Rosen schenkt. Nämlich zum Beispiel: »Du bist mir noch immer wichtig. Die Trennung war für uns beide eine schwere Erfahrung. Jeder musste einen eigenen Weg und einen neuen Anfang für sich finden. Das war nicht leicht und wir haben einander sehr wehgetan. Manchmal sogar absichtlich.«

Dieser Text steht auf einer der Grusskarten, die derzeit in Postämtern erhältlich sind. Vermutlich wird sie von Leuten gekauft, die sich zuvor darauf verlassen hatten, dass Blumen mehr sagen als 1000 Worte. Die Meute dieser innerlich klinisch Toten ist es auch, wegen der manche einfallslosen Massenprodukte von einer unauslöschbaren Aura der Exklusivität und schwüler Verheissung umgeben sind. Denken diese Leute an eine Blume, dann ist es eine Rose, denken sie an ein exquisites Kaufhaus, dann ist es Harrod's, denken sie an eine Frau, dann ist es eine Prinzessin, denken sie an einen Liebhaber, dann ist es ein rassiger Morgenländer, denken sie an eine romantische Stadt, dann ist es Paris, denken sie an ein Hotel dort, dann ist es das Ritz, denken sie an ein dickes Auto, dann ist es ein schwarzer Mercedes, und wollen sie ausbrechen, dann fällt ihnen nichts ein, als sinnlos Gas zu geben. Weil dann sonst gar nichts mehr geht.

Rose und Löwenzahn

Alfons Russ

Rose:

»Was ist das für eine Lotterwirtschaft? So ein Haufen Unkraut um mich herum, wie komm ich mir als Rose da vor? Der neue Gärtner arbeitet höchst schluderig, das muss ich schon sagen. Redet immer von Naturbelassenheit daher, so ein Unsinn. Ein Garten soll doch schließlich eine Zierde sein. Und dazu gehört Sorgfalt und Pflege, damit Schönheiten wie wir richtig wirken können. Weshalb sonst nennt man uns die Königin der Blumen? Na bitte, dann möchte ich auch so behandelt und betreut werden. Wie sollen wir sonst unsere edle Pracht gebührend zur Geltung bringen, wenn nicht in einem würdevollen Rahmen. Und was muss ich stattdessen sehen? Ein vernachlässigter Garten, in dem das Unkraut überhand nimmt, wo alles nur so vor sich hinwächst als ob keine naturgegebene Hierarchie existierte, die uns Rosen die gebührende Referenz erweist. Da war der frühere Gärtner anders, der wusste was sich gehört, das waren noch Zeiten. Aber der neue mit seinem ‚naturtreu‘-Gefasel hat nicht die geringste Wertvorstellung. Der Kerl ist einfach faul und das Frechste an ihm ist, dass er seine Faulheit als Naturbelassenheit seiner Herrschaft verkaufen will. Wenn er nur einmal mit der Schere zu mir zur Maniküre käme, ich wollte ihm schon den Stachel setzen und ihn bluten lassen, damit seine Vorstellung von Naturbelassenheit aus ihm heraus rinnt wie der letzte Tropfen aus einem leeren Mostfass. Aber er kommt ja nicht! Sein Feucht-Biotop ist ihm wichtiger und die ordnungsgemäße Schichtung des Komposthaufens ist ihm von höherer Priorität als die Pflege eines glanzvollen Rosenstrauchs. So ein Nichtsnutz! Ich denke ich werde einmal mit seinem Herrn ein ernstes Wörtchen reden müssen. Und dazu lasse ich alle meine Knospen hängen,

und zwar so lange, bis der Hausherr kommt und sich das
Elend ansieht. Dann wollen wir einmal sehen, du natur
belassener Nichtsnutz von einem Gärtner!«

Löwenzahn:

»Was ist denn da oben los? Wer schreit und lamentiert
da so herum wie ein angeschossenes Wildschwein?
Habe ich vielleicht etwas von einer Königin der Blumen
gehört, dieser hochnäsigen Rose mit ihrem unerträglichen
Dünkel? Plärrt wie ein Marktweib wüst drauflos, wenn
sich die Zweibeiner nicht andauernd um sie kümmert
und ihr flattiert. Es gibt doch auch noch andere Blumen
in diesem Garten. He, du eingebildeter Kratzstachel, hör
schon auf mit deinem wehleidigen Geflenne, du verdirbst
uns allen die gute Laune bei diesem schönen Wetter.«

Rose:

»Wer wagt es da unten, mich so unflätig anzupöbeln?
Natürlich, der Herr Löwenzahn, dieser Bettseicher, dieser
Gassenbube unter den Blumen. Reißt bei jeder Gelegenheit
sein ungewaschenes Maul auf, um unflätige Reden zu
führen. Und das Schlimmste, er hat sich direkt neben
mir eingenistet, so eine Schmach. Hör mal, Löwenzahn,
wenn du schon bei mir herumlümmelst, dann benimm
dich gefälligst ordentlich. Am besten, du hältst deinen
schamlosen Mund. Man muss sich ja schämen mit so einer
Nachbarschaft, die nur Futter für das Stallvieh ist.«

Löwenzahn:

»Nun mach mal halblang, du affiger Kratzriemen. Wenn
ich auch Viehfutter bin, so bin ich doch auch eine Blume
... «

Rose:

»Ha, ha, ha, eine Blume will er sein ... «

Löwenzahn:

» ... jawohl eine Blume, und noch dazu mit einem viel
höheren Gebrauchswert als du ... «

Rose:

... »hör mal, Löwi, du kommst mir vor wie jener Frosch, der sich aufblähte weil er so groß wie ein Stier sein wollte und dann zerplatzte. Du aufgeblasenes Kerlchen, pass auf, gleich kommt ein Karnickel und frisst dir die Ohren ab.«

Löwenzahn:

... und wenn es dir auch nicht gefällt sage ich dir noch einmal, jawohl, auch ich bin eine Blume und bin zu viel mehr nutze als das ganze Rosengesindel. Schau dir doch eine Wiese an, wie wir goldgelb leuchten, lauter kleine Sonnen ... «

Rose:

»... tz, tz, tz, Sonnen, dass ich nicht lache. Unkraut seid ihr ... «

Löwenzahn:

» ... und wir wechseln unsere Farbe. Nach Gold kommt Silber ... «

Rose:

»... von wegen Silber, graues Spinnenzeug ... «

Löwenzahn:

»... nur kein Neid, Verehrteste, diesen Wechsel machst du uns nicht nach. Und ich sage dir noch etwas: hast du einmal beobachtet wie entzückt die Kinder sind, wenn sie unsere Fallschirme wegpusten und durch die Luft segeln lassen können? Außer Futter zu sein ist dies der zweite Gebrauchswert. »Pusteblume« sagen die Kinder und ihre Augen leuchten als ob sie einen Schatz in den Händen hielten. Und du, wo ist dein Gebrauchswert?

Rose:

»Mein Gebrauchswert? Nun ... der liegt in der Schönheit und im Duft. Ja, Schönheit und Duft, zwei edle, königliche Eigenschaften. Dafür werden wir von den Menschen geliebt.«

Löwenzahn:

»Papperlapapp, Schönheit, Duft, was ist das schon. Wo liegt dein Nutzen?«

Rose:

»Das ist der Nutzen!«

Löwenzahn:

»Wie? Mehr nicht? Nur dastehen und existieren und sonst zu nichts taugen? Entschuldigung, Gnädigste, ich finde das ist sehr wenig. Was für den einen Duft, ist für einen anderen Gestank. Und was die Schönheit angeht, holdes Röschen, dieses ewige face-lifting, das die Zweibeiner mit euch betreiben, ist doch schon pervers. Zu sterilen, zur Schau gestellten Züchtungen, seid ihr verkommen.. «

Rose:

» ... nun ist aber genug mit deinem frechen Gewäsch. Man könnte meinen, der Herr Löwenzahn zahnt und redet deshalb so unleidig daher. Schönheit bedarf nun einmal der Pflege. Das sieht man an dir, du bist und bleibst eine ordinäre Kuhblume ... «

Löwenzahn:

» ... jetzt hast du selbst Blume gesagt... «

Rose:

» ... aber auch Kuh ... «

Löwezahn:

» ... ich gebe auch Milch wie eine Kuh, ätsch ... «

Rose:

» ... selber ätsch, ich bin der Inbegriff der Schönheit, das Symbol der Liebe und das Sinnbild der Frau ... «

Löwenzahn:

»... ja, ja, schön aber sonst ... «

Rose:.

… ist das kein Nutzen, wenn man zur Freude der Menschen da ist? Wenn sie mich bedichten und besingen.«

Löwenzahn:

»Wenn du damit auf das Lied ‚Sah ein Knab...' anspielst, dann liegst du völlig falsch.«

Rose:

»Das ist doch ein schönes Lied.«

Löwenzahn:

»Quatsch, das ist rohe Gewalt, von brechen und stechen ist die Rede. Das Thema eignet sich gut für ein Foltervideo.«

Rose:

»Du bist doch ein mieser Ignorant! Wir sind in der Flora was Pavarotti in der Musik ist, aber du ... du bist ... du ... bist wie ... wie Udo Lindenberg.«

Löwenzahn:

»Sag doch gleich du bist wie Gracia Patricia, das trifft die Sache eher, verhätschelt und verwöhnt, mit einem Hauch von Unnahbarkeit. Und hochnäsig obendrein.«

Rose:

»Verschon mich, du gelber Neidhammel, mit deiner penetranten Eifersüchtelei. Ja, wir werden von den Menschen gepflegt, weil es ihnen Freude macht. Aber euch zu pflegen macht ihnen weniger Spaß, im Gegenteil. Sie reißen euch als Unkraut aus und ihr vermehrt euch noch schneller als die Karnickel, die euch fressen.«

Löwenzahn:

»Wäre es möglich, du pflanzliches Stachelschwein, dass du nicht erkennst wie sehr uns die Menschen schätzen? Sie begehren uns als Salat, aus unseren Halmen machen sie Tuten, Kinder flechten Diademe aus unseren Blüten, als Frühlingsboten werden wir begrüßt, wenn wir ganze Felder goldgelb erstrahlen lassen. Ich will mich nicht loben, aber insgesamt sind wir doch sehr menschenfreundlich. Ist doch ein bisschen mehr, als nur gut auszusehen und zu riechen.

Rose:

»Willst dich wohl noch über mich stellen, was? Du über schätzt dich, Löwi? Aber warte, ich kann mich wehren, meine Dornen ... «

Löwenzahn:

»Wieder dieses militante Getue. Wenn dir die Argumente ausgehen, dann drohst du mit roher Gewalt. Mir scheint, es stimmt wenn Spötter behaupten, dass Schönheit und

Dummheit die gleiche Spurweite haben. Übrigens, was deine Dornen betrifft, Jesus hatte eine Krone davon auf dem Kopf.«

Rose:

»Weißt du nicht, dass die Menschen einen Rosenkranz beten?«

Löwenzahn:

»Und Rosenkriege führen.«

Rose:

»Dass sie Rosenhochzeit feiern.«

Löwenzahn:

»Und sich für die Rosen bedanken als Antwort auf eine anzügliche Bemerkung.«

Rose:

»Hast du ‚Der Name der Rose‘ gelesen?«

Löwenzahn:

»Natürlich … «

Rose:

»… *und?* «

Löwenzahn:

» …Tote … Mörder …passt zu dir.«

Rose:

»Auf Rosen gebettet … «

Löwenzahn:

»… lieber nicht.«

Rose:

»Ich will dir etwas sagen. Schon Shakespeare schrieb: eine Rose ist eine Rose, ist eine Rose, ist eine Rose, ist eine … «

Löwenzahn:

»Erinnert mich an VW: Läuft und läuft, und läuft … «

Brennessel:

»Was ist denn das für eine wüste Streiterei? Natürlich … wieder einmal Frau Rose und Herr Löwenzahn bei ihrem üblichen Gezänk. Habt ihr beide denn nichts Besseres zu tun, als euch gegenseitig anzugiften? Bei diesem schönen Wetter könntet ihr doch die Sonne genießen und euch im

Wind wiegen, wie wir auch. Stattdessen verbreitet ihr nur eifersüchtiges Gerede ... «

Rose:

»Der da, der Löwenzahn, hat angefangen.. «

Löwenzahn:

» ... stimmt nicht, die hier, das Rosenweib, hat so wüst rumgeplärrt, dass ich es nicht mehr aushalten ... «

Brennessel:

» ... wollt ihr nicht endlich mit eurem Händel aufhören. Schaut mal, wer da kommt. Der Hausher und sein neuer Gärtner, direkt hierher zu uns.«

Hausherr:

»Das hier, Sebastian, sehen sie, diese Ecke gefällt mir nicht mehr. Der Rosenstrauch ist sehr ungepflegt und lässt die Knospen und Blüten hängen. Und das ganze Unkraut da herum, ich mag nicht wenn mein Garten so vernachlässigt wird.«

Sebastian:

»Aber, mein Herr, wir wollten doch den Garten sich natürlich entwickeln lassen.«

Hausherr:

»Entwickeln ja, aber nicht verludern. Dazu brauche ich keinen Gärtner. Wissen sie was, Sebastian, graben sie den unansehnlichen Rosenstrauch aus, entfernen sie das Unkraut hier, den Löwenzahn und die Brennesseln. Dann machen wir daraus eine wunderbare Rhododendron-Ecke.

Sebastian:

«Gerne, mein Herr... .«

Ich möchte eine Rose sein

Florian Mayr

Das Schicksal fragt: »Was willst du sein?«
Ich sage: »Rose wäre fein!«
»Denk noch mal nach«, meint das Schicksal -
»wär' nicht ein Esel mehr dein Fall?«

»Wo denkst du hin«, schrei ich empört,
»geht's dir nicht gut, bist du gestört?«
Das Schicksal lacht, wirft sich in Pose:
»Na gut, dann sei halt eine Rose!«

Da steh ich nun in voller Pracht,
viel schöner noch als ich gedacht!
Doch nach und nach da dünkt es mir -
was mach ich bloss, was tu ich hier?

Ich blühe hier in diesem Garten -
und kann tagein, tagaus nur warten!
Erst dass mich die Sonne neckt -
mich mit ihren Strahlen weckt!

Dann dass mich der Regen tränkt -
der Wind mich beutelt, mal auch schwenkt -
und Bienen mir die Ehre geben,
ach welch erfülltes Liebesleben.

Ein junger Mann stolpert daher
und bricht mich aus dem Rosenmeer!
Er sticht sich plump an meinem Dorn -
schon fühl ich seinen feigen Zorn!

Ganz ungeschickt und mehr als rau,
bringt er mich heim zu seiner Frau.
»Ich liebe dich«, haucht er verlogen -
erst eben hat er sie betrogen!

»Oh Schicksal du bist so gemein,
verdammt ich will nicht Rose sein!«
Das Schicksal lacht: »Na gut, na gut -
doch zügle Ungeduld und Wut!

Du hast dein Schicksal selbst gewählt -
dich also folglich selbst gequält!
Ich helfe dir ja gerne weiter -
wähle nochmals - doch gescheiter!«

Das lass ich mir nicht zweimal sagen -
ich werde es ganz einfach wagen:
»Oh Schicksal - dieser Wunsch ist mein
ich möchte gerne Esel sein!«

Ein Esel bin ich nun - na und,
zur Freude hab ich allen Grund!
Kann tun und lassen was ich will -
mein Glück steht seither nie mehr still!

Das Rosenherz

Silvia Bergel

Du schenktest mir ein Rosenherz,
aus Liebe, sagtest du.
Nun sitz ich hier, schau es mir an,
und hör dem Regen zu.

Geblieben ist nicht viel von dir -
nur dieses Rosenherz.
Es ist aus Plastik und fühlt nicht,
wie ich, den tiefen Schmerz.

Ich habe dir so blind vertraut
und hab an dich geglaubt,
doch du hast nur mit mir gespielt,
mein echtes Herz geraubt.

Es war ein schlechter Tausch für mich,
das seh ich heute ein,
denn Plastik-Rosen duften nicht
und blühen nur zum Schein.

Jahrmarkt

Sabine Imhof

Er wollte eine Rose für mich schiessen
einmal bitte
sagte ich zu der runden Frau hinter der Theke
und reichte ihr das Geld

Seine Stirn war ernst und sicher
wirst sehen, sagte er, wirst sehen

fast hätte er getroffen

zuckte mit den Schultern
und brauchte Trost, danach, viel Trost
legte seinen Arm um meine Hüfte
die schmaler war als sonst.

Kontrovers

Vera Schleicher

Sprachlosigkeit perlt von der Wand
stülpt sich über jedes Rotweinglas
lippenstiftsigniert
verstummen Wortfetzen
ringversiegelt
in maskuliner Hand
lebhafte Rosen
stellen die Atmung ein
Wortpuzzle, samtrot geflüstert
bedecken den Boden
trittschallgedämpft
dringt unaussprechliche Stille
durch den Rauch der Zigaretten
formt sorglose Kreise
fast so wie früher
bis ein Stecknadelgeräusch
das klopfende Herz übertönt
kristallgesplittert
füllen Mäntel ihre Leere
eine Handvoll Rosenblätter
falls sie wieder kommen

Geschlagen

Anja Blume

Ich gebe mich geschlagen
friedlich und still die Waffen gestreckt
heftig, aber gerecht besiegt
des Kämpfens müde
um etwas, das ich nie besass

traurig, aber mit Frieden im Herzen
ziehe ich meiner Wege
ohne Schwert
ohne Wut
verlasse ich das Schlachtfeld

dein Gesicht zerfliesst
in der untergehenden Sonne
und auf dem Schlachtfeld
liegt einsam
eine tiefrote Rose

Rosentod

Ute Walenski

Sie konnte vom Fenster aus sehen, wie er auf das Haus zukam. Er trug einen grossen Strauss roter Rosen. Zeichen der Liebe, dachte sie. Er hat sich entschieden, die Jahre der Qual sind vorbei. Sie rannte in der Wohnung herum und versuchte, tausend Dinge auf einmal zu tun. Aufräumen, sich schön machen, Kaffee kochen, Sekt auf den Tisch stellen. immer wieder sah sie in den Spiegel. Sie sah ein vollkommen glückliches Gesicht. Wie viel Zeit blieb noch, bis er endlich da war? Die Bilder der letzten Jahre schossen an ihr vorbei. Die einsamen Tage ohne ihn, die endlosen Stunden des Wartens, das Gefühl der Hilflosigkeit das immer grösser wurde und mit dem Gefühl der Hilflosigkeit wuchs der Hass auf seine Frau, auf seine Kinder, auf alles, was ihn davon abhielt, bei ihr zu sein. Er hatte sie immer wieder vertröstet auf eine Zeit, die nie zu kommen schien. Aber jetzt war es soweit. Sie hörte den Schlüssel in der Wohnungstür, Sekunden später stand er vor ihr.

»Schön, dass du da bist«, sagte sie. Er ging wortlos ins Wohnzimmer und setzte sich in einen Sessel. Den Rosenstrauss legte er auf das kleine Tischchen vor ihm.

»Warte einen Moment, Liebling«, sagte sie. »Ich suche eine Vase.«

Sie rannte in die Küche und wühlte in den Schränken. Wo war nur dieses Ding, das sie immer Monstervase genannt hatte, Geschenk eines Verflossenen, das sie schon längst hatte ausrangieren wollen? Ganz unten im Besenschrank fand sie, was sie suchte. Der einzig mögliche Platz für dieses schwere Gefäss. Sie schleppte die Vase ins Wohnzimmer und stellte sie vor den Couchtisch.

»Zum Glück habe ich dieses alte Ding noch, Liebling. Die einzige Vase, die passt. Ich hole gleich noch Wasser.«

»Setz dich einen Moment«, sagte er. Ich muss dir etwas Wichtiges sagen.« Sie setzte sich auf den Sessel ihm gegenüber und sah ihn an. Sie wusste, dass jetzt das kam, worauf sie jahrelang gewartet hatte. Sie wusste, dass sich ab heute ihr Leben ändern würde, dass nichts mehr so sein würde, wie es einmal war.

»Wir können uns nicht mehr sehen, es geht einfach nicht mehr«, sagte er. »Ich kann es meiner Frau nicht mehr antun. Ich musste mich entscheiden und das habe ich getan.«

»Aber die roten Rosen?«, fragte sie und wunderte sich, dass sie überhaupt noch sprechen konnte.

»Das ist mein Abschiedsgeschenk für dich. Weil wir so eine schöne Zeit hatten.« Sie wurde starr, für einen Augenblick. Dann nahm sie die Vase und schlug sie ihm auf den Kopf. Er stürzte vornüber auf den Teppich und war tot. Sie putzte die Vase, füllte sie mit Wasser und arrangierte die Rosen darin. Dann stellte sie das Ganze auf die Fensterbank. Sie nahm den Wohnungsschlüssel und ging aus der Tür. Im Treppenhaus rief sie laut: »Ist gut, Liebling, ich bin in zwanzig Minuten wieder da.« Dann ging sie einkaufen. Als sie mit einem Paket Kuchen beladen wiederkam, schrie sie laut um Hilfe. Den Polizisten erzählte sie, dass sie nur ganz kurz weg gewesen sei, um Kuchen zur Feier des Tages zu besorgen. Ihr Freund hatte beschlossen, sich von seiner Frau zu trennen, um künftig mit ihr zu leben. Man glaubte ihre Geschichte, der Strauss roter Rosen war Beweis genug.

Sie war die letzte an seinem Grab. Es war ihr klar, dass sie nicht gern gesehen wurde. So trat sie erst vor, als alle anderen sich schon entfernt hatten. Sie warf einen kleinen Strauss weisser Rosen auf den Sarg. Und während sie den Blumen hinterher sah flüsterte sie: »Weisse Rosen schenkt man zum Abschied, Vollidiot.«

Rosenträume

Hildegunde Artmeier

Es war ein strahlender Maimorgen, als die Frau in der kleinen Stadt ankam. Mit wiegendem Gang schlenderte sie die Strasse entlang, vorbei an Antonios Garten. Die Rosen darin fingen gerade zu blühen an, in Rosarot, Lachsfarben, schimmerndem Perlmutt, verträumtem Gelb. Jede einzelne Blume brachte den Tag noch mehr zum Leuchten. Am intensivsten aber glühten die tiefroten Blüten. Sie zauberten Geheimnisse in die überfüllten Beete, luden herumschweifende Blicke ein, auf ihnen zu verweilen und sie zu erforschen, ein wenig nur.

Sie blieb stehen, stellte ihren schweren Koffer auf den Gehsteig und bestaunte das wogende Meer in Antonios Reich. Die Farben überschlugen sich, als seien sie heranbrausende Wellen, in denen jeder noch so geübte Schwimmer ertrinken könnte.

»Was für schöne Rosen«, sagte sie nur und schaute Antonio an. In dem unergründlichen Violett ihrer Augen schienen weisse Sterne zu tanzen. Krampfhaft versuchte Antonio, nicht mit ihnen davonzufliegen, fort von dieser Erde, die er so liebte. Er stemmte die Beine fest in den Boden, spürte die vertraute Wärme und Festigkeit, einen beruhigenden Moment lang. Dann drehte er sich um und verschwand hinter den Büschen. Er wusste, dass sie warten würde, und hatte auch gleich gefunden, wonach er verlangte, ohne suchen zu müssen.

Sie stand immer noch am Zaun. Die Rose nahm sie ohne ein Dankeschön. Doch ihr Lächeln zählte mehr als abgestandene Worte. Dann ging sie einfach weiter, der tiefrote Samt der Blütenblätter hing wie eine zarte Liebkosung an ihren Lippen, als wollten sie den betörenden Duft tief in sich einsaugen.

»Wie heisst du?«, rief er ihr nach.

»Heute heiss ich Rosa«, sagte sie neckisch und verschwand in der baufälligen Villa hinter dem Ahornwäldchen.

Bald wussten alle in der Stadt, wer in dem alten, denkmalgeschützten Haus eingezogen war. Ein Innenarchitekt und ein Trupp Bauarbeiter kamen zuerst, dann ein exotisches Knäuel kunterbunter Paradiesvögel, kichernd und leicht gewandet hielten sie Einzug. Spätabends leuchteten rote Lichter in allen Fenstern und zarte Klänge glitten durch die Nacht, auf der Suche nach neuen Abenteuern. Am Tag hatte Antonio alle Hände voll zu tun, um die bestellten Rosen abzuliefern. Sie zierten Tische und Kommoden, wagten sich auf die Nachttischchen zwischen die duftigen Schleier der Himmelbetten, zeigten sich in den hundert Spiegeln und erforschten die verborgensten Winkel der alten Villa.

Mit Rosas ‚Palais des roses' wehte ein nie gekannter, berauschender Wind durch die Gassen, doch es zogen noch mehr Geheimnisse in der Stadt ein. Sie versteckten sich hinter den höflichen Worten der wohl situierten Ehemänner ebenso wie hinter ihren durchschaubaren Ausflüchten und den klebrigen Champagnertropfen auf dem Revers ihrer Jackets. Auch hinter den unerwarteten Goldarmbändern und unverhofften Wellness-Wochenenden für ihre Frauen und Liebhaberinnen, die sich gerne an die Besprechungen in den lange schon geschlossenen Büros gewöhnten und es sich bald nicht mehr anders vorstellen konnten. Sie sorgten für ausreichend Gesprächsstoff in den sonnabendlichen Literaturkreisen der besseren Gegenden, für Kopfschütteln und hämisches Gelächter bei so genannten anständigen Nachbarn. Aber auch für erleichterte, hart arbeitende Frauen, die endlich einmal früh zu Bett gehen konnten, ohne den Hormonhaushalt des Göttergatten und des damit verbundenen Hausfriedens zu gefährden, sowie für erleichterte Mädchen, die über das unglaubliche Einfühlungsvermögen ihrer jungen Kavaliere staunten. Sie sorgten für eine noch gähnendere Leere als sonst in den Beichtstühlen der zahlreichen Kirchen und für besorgte Angestellte der Telefonseelsorge, die um ihren Arbeitsplatz bangten, denn die Damen im Rosenpalast waren geübte Zuhörerinnen. So kam es, dass sich hin und wieder Steine in die milchigen Fensterscheiben verirrten, die nur dem dämmrigen Rotlichtschein den Durchgang nach draussen erlaubten, nicht aber neugierigen Blicken nach drinnen. So kam es auch, dass irgendwann jeder, der die Schwelle ins Palais übertreten wollte, genau nach seiner Absicht gefragt wurde, der Bäckerlehrling, der frühmorgens die Semmeln ablieferte, genauso wie der Elektriker, der neue Steckdosen setzte. Nur Antonio fragte niemand, seine Rosen waren begehrt und seine Freundlichkeit geschätzt.

Als aber Antonio eines Morgens die Zeitung aufschlug und er noch am selben Vormittag die gleiche Anzeige auf einer grossen Anschlagtafel vor Rosas Palais erspähte, fing er an, seiner diskreten Auftraggeberin Fragen zu stellen. Auch auf die Gefahr hin, dass diese indiskret sein mochten, etwas, was er bisher stets vermieden hatte. Rosa gab ihm bereitwillige Antworten, etwas, was Antonio sehr erstaunte.

»Wann fängt diese Immobilienfirma mit den Eigentumswohnungen an?«

»In ein paar Monaten.«

»Eine solche Genehmigung dauert sonst Jahre, vor allem, wenn es sich um ein Gebäude handelt, das unter Denkmalschutz steht. Seit wann geht das so schnell im Bauamt?«

»Seit es keinen Naturalrabatt für den zuständigen Beamten gibt, der die Genehmigungen überprüft.« Das Lächeln, das Antonio so liebte, erschien auf Rosas Gesicht. Nur heute sah es fast ein wenig traurig aus. »Denn in meinem Rosenschloss sind alle gleich, da muss jeder denselben Eintritt bezahlen.«

Antonio war klar, dass so freidenkerisch anmutende Ansichten in den gutbürgerlich geprägten Köpfen seiner Heimatstadt nicht geduldet wurden. Vor allem, wenn der zuständige Beamte ein ebenso fleissiger Kirchgänger wie begeisterter Anhänger des sonntäglichen Treffens beim Frühschoppen war, der engste Bande zu allen wichtigen Honoratioren der Stadt pflegte, egal, ob sie im Pfarrgemeinderat sassen oder eine Immobilenfirma leiteten. Antonio fühlte, wie Rosas Traurigkeit an seine Brust klopfte. Dagegen musste er sich wehren. Er war noch nie ein besonders mutiger Mann gewesen, das brachte wohl sein stiller Umgang mit den Rosen mit sich. Und doch wusste er sich vor deren Stacheln zu schützen.

»Wie ist das mit Rosenlieferanten – zahlen die auch den gleichen Preis?«, fragte er leise.

»Ja.«

»Auch bei der Schlossherrin selbst?«

»Dieser Preis ist unbezahlbar, zumindest für Rosenlieferanten.«

Jetzt bereute er seinen Übermut.

»Allerdings kommt es manchmal vor, dass sie eine Ausnahme macht. Bei besonderen Freunden macht sie sogar Geschenke.«

Als Rosa wieder an Antonios Garten vorüber ging, mit dem schweren Koffer in der Hand, blühte keine Rose mehr, die er ihr zum Abschied hätte überreichen können. Der Sommer hatte sich schon schlafen gelegt, der Herbst öffnete bereits dem Winter die Türen. Dafür schenkte sie Antonio ein letztes Lächeln. An dieses und jenes andere Geschenk dachte Antonio noch lange, auch als die Ordnung endlich wieder in die kleine Stadt zurückgekehrt war, und gesittete Wohneigentümer das denkmalgeschützte Haus bewohnten. Auch die roten Lämpchen in den Fenstern vermisste Antonio. Sie trösteten ihn nicht mehr in der Dunkelheit, wenn er nicht schlafen konnte, und keine sanfte Musik wehte mehr vom Ahornwäldchen zu ihm herüber, um ihm seine Träume zu versüssen.

Paradies

Eva Maria Vasiljevic

Resedagrün und hellorange glühen die zarten Dunstschwaden auf den Dächern. So neigt sich der Sommerabend im Westen zur Nachtruhe und drüben im Osten steigt hinter dunkelgrünen Hügeln der Mond auf, als berge er das Geheimnis der Nacht.

Es ist still. Zehn Uhr abends im Juli. Ein Abend wie zugeworfen aus dem Füllhorn Gottes. Und vor dir auf der Dachterrasse rufen die gelben und rosa Rosen mit den gefüllten Gesichtern, sie rufen leise mit wiegenden Köpfen, ich möge mich über sie beugen, den Duft der englischen Abraham-Derby-Rosen heut Abend noch einmal einzuatmen.

Oh Süsse, oh Sommer! Wo ist denn das Paradies wenn nicht hier und heute, jetzt, in dieser sich so wundersam langsam ins Dunkel hüllenden Sommernacht?

Erwachen

Hans-J. Liese

Aus fernem Dämmern wächst der Tag heran
erst zögernd dann mit wachsender Gewalt
die Träume weichen werdender Gestalt
und erste Laute hört man dann und wann.

Weit öffnen sich die Rosen in den Morgen
der lichtverschwendend sich herniedergiesst
hell glitzert Tau der Nacht - wie Tränen fliesst
er aus den Kelchen die ihn sanft geborgen.

Und laut und lauter wie es sich erhellt
kaskadenhaft anschwillt das Lied der Welt
im Rosengarten rührt sich neues Leben

Aus schlummernd tief in sich verborgner Kraft
nach weisem Plan geheimnisvoll entfacht
die Knospen sich zur Prachtentfaltung regen.

Die letzte Rose im Garten

Johanna Marie Thiel

Den ganzen Sommer über hatte sie ihre Kraft eingesetzt und uns mit ihrer Schönheit verzaubert. Doch jetzt ist sie vorbei, die Zeit der rosa Blüten, die Zeit der schönen Düfte und der Bewunderungen.

Der Herbst ist gekommen. Er nimmt alles mit. Auf jedes Blatt scheint er es abgesehen zu haben. Doch ein Knöspchen hat sich noch vor ihm retten können: Das der rosa Rose. Es ist Sturm und sie versteckt sich hinter den grünen Blättern und wartet darauf aufzublühen, um das letzte bisschen Sonne zu tanken. Der eiserne Blick des Windes sieht alles und so kann er auch fast unser tapferes Knöspchen mitnehmen. Doch dieses lässt es nicht zu, so einfach zu sterben, ohne den Sinn des Lebens erkannt zu haben. Und so überlebt es.

Der Morgen ist neblig und lässt einem wenig Schönes sehen. Doch unsere Knospe hat sich zu einer wunderschönen Blüte entwickelt und glitzert mit ihrer Halskette aus Morgentau durch den Nebel hindurch. Fünf Tage strahlt ihr lächelndes Gesicht jetzt schon. Doch am sechsten Tag beginnen ihre zarten Blätter zu welken. Sie scheint zu wissen, dass es bald zu Ende ist, denn ihr Blick wirkt gequält und vom Tode angehaucht. Am achten Tag ist sie braun und verschrumpelt und ihr Kopf hängt tot herunter. Und nach dem Spaziergang mit dem Hund ist sie verschwunden, einfach weg! Jetzt hat er sie also geholt.

Bis nächstes Jahr, mein Liebling!« Und ich glaube, sie hat mich verstanden.

Im Innern einer Rose

Kurt May

Im Innern einer Rose
Kreist eine Sonne
Um den Mond Eitelkeit.

Gefundene Mädchenwünsche
Brüten auf Eiern
Die Küken der Düfte aus.

Und eine strenge Tugend
Stülpt durch die Haut
Mahnungen, verhärtet zu Dornen.

Und Augen bleiben haften
An diesen Rosen
Und stehen dann lange vor Spiegeln.

Und eine Birke schmunzelt.
Es ist so viel Mensch
Im Lächeln einer Rose.

Rosenkranz Frühling

Kurt May

Am Rosenkranz Frühling
zählt kein Sperling Gebote.
Er zählt Weibchen
und ist doch kein Heide.

Und wo liegt Eden,
fragt ein neuer Krokus.
Und eine Hummel
wird für ihn zum Wunder.

Und kussverschlungen
wünschen sich Jungen und Mädchen.
Sie sind es lange
in Welten ihres Schlafes.

Vorlaute Seelen
unken jetzt vom Winter,
beschimpfen die Läuse
auf ihren Kleingefühlen.

Was Duft verbindet,
kann nicht übel wirken.
Hinweg Platonien,
her die drallen Weibchen.

Keimzeit

Harald Woschitz

Ein erster Märztag
die Sehnsucht platzt vor Knospen
das Schneeherz, es schmilzt

Die Dornen sind los
Eisblumen stechen ins Gras
wir ergeben uns

Geben dem Grün nach
dem zarten Flaum im Laub
Im Leib ist noch Frost

Der Rosenkeim sprosst
Wie dein Mund – die Leuchtboje
im Packeis für mich

Speicher

Claudia Ratering

Stille Hitze brütet
überm Stoppelfeld.
Pappeln glitzern
in der Ferne.

Wo Libellen schwirren
kühlt der See die Haut
und lichte Flecken
tanzen im Laub.

Löwensommer.
Am Bahndamm reifen Beeren.
Rosen erglühen im Garten,
sonnensatt.

Lebens Fülle sinkt
ins Blütenrot.
Kraft für dich
in jeder Knospe.

Die letzte Kletterrose

Walter Landin

Mir gefallen die zerrupften Wolken,
die über den Himmel hecheln,
wenn der Sommer sich verdrückt,
mich hängen lässt mit einer Träne im Auge.

Auf dem Speicher suche ich
die Winterkleider zusammen.
Der Garten weiss Bescheid,
die Blütenblätter im langen Schatten.

Jedes Jahr das gleiche Spiel,
die Blätter sollte ich zusammenfegen,
doch ich sitze unterm Baum
und kritzle vor mich hin,

wenn die letzte Kletterrose verblüht ist.

Eine Rose für Christine

Elke Gottmann

Dir würde ich eine Rose schenken
der Brigitte Cosimea, sie hat mir gesagt,
warum sie die so mag
der Hilde eher eine Sonnenblume,
sie liebt Naturkost und backt ihr Brot selber
der Diana eine Lilie, sie ist so zerbrechlich
aber Dir würde ich eine Rose schenken

Dir würde ich eine Rose schenken
dem Norbert ein Skalpell,
er schneidet so gut
dem Günther eine Brille,
dann kann er besser sehen
dem Reinhard ein Flugzeug,
damit er dem Himmel näher ist
aber Dir würde ich eine Rose schenken

Dir würde ich eine Rose schenken
der Luise ein Staubtuch,
bei ihr ist es immer so sauber
der Doris ein Bett,
sie kann nicht genug schlafen
der Silke einen Strumpf,
sie mag keine Hausschuhe
aber Dir würde ich eine Rose schenken

Dir würde ich eine Rose schenken
dem Ulrich einen Strand,
er fährt so gerne in Urlaub
dem Heinrich einen Fernseher,
mehr scheint er nicht zu brauchen
dem Siegfried eine Gitarre,
in ihm ist so viel Musik
aber Dir würde ich eine Rose schenken

Dir würde ich eine Rose schenken
der Ilse einen Stift,
dann kann sie aufschreiben was sie denkt
der Inge ein Lied,
es wird sie durch die Trauer tragen
der Adelheid ein Kind,
sie hat ihren Sohn verloren
aber Dir würde ich eine Rose schenken

Rosen im Herbst

Elke Gottmann

Ich hab den Garten betreten
Rosenschere in der Hand
Zorn im Bauch
alles was keine Blüten hatte
abgeschnitten
auch die Zweige mit den schönen Blättern
»das kann man doch noch als Grün nehmen«
»nein, alles was keine Frucht bringt
wird abgeschnitten
und ins Feuer geworfen«
so steht's geschrieben.

Das Grüne wollte nicht
hat sich gewehrt
hat sich an mir festgekrallt
hat sehr wehgetan
musste trotzdem ab.

Der Stock von voriger Woche
hat neue Knospen getrieben
war wohl richtig gewesen ihn zu beschneiden
Knospen an langen Zweigen
glatten Zweigen
ohne Dornen
sehr verlockend zu brechen.

Heute der andere
auch die Blüten die eigentlich noch bis morgen
dranbleiben könnten
dürfen nicht mehr
sind so alt wie ich
duften auch nicht mehr

die Jugend regiert
die Knospen regieren

und alles bloss
weil er ein paar jungen Mädels
nachgeschaut hat

arme Rosen

BLAUE ROSEN

Rotraud Sarker

Die rosen am rande der wüste
waren blassblau, von nomadenaugen
vielfach gefalteter himmel
Sie ragten aufrecht und gläsern
über dem ewig kriechenden sand,
sie litten nicht nähe und was
von den zeltfreuden übrig blieb
Wie zarte geschlossene schnäbel
von vögeln blieben ihre dornen
bestehen, schweigen und schatten
lagerten über dem nackten land

SEEROSE

Rotraud Sarker

Die vögel standen still
in der luft, licht lag
auf ihren schmerzenden flügeln,
kein schrei verliess ihre schnäbel

Es war ein dorf
in der tiefe, erstarrt standen
türen und fenster,
die äxte steckten im holz

Dort wo der grosse wald begann
da war ein teich, nicht
eine fliege summte, und auf dem wasser
schwamm mondgleich ein einziges gesicht

Stillleben mit Rosen

Rotraud Sarker

Wo wir stehengeblieben
waren? Bei den wänden, ihrem
geruch nach winter und vergessen
Kleine albinoweisse schatten lagern
über den leisten, ketten gesprochener
und ungesprochener gedanken
verdichten sich unter der decke,
in ihr starres
lächeln gekleidet, liegen
die puppen im schrank, staub
füllt ihre geöffneten augen
Durch das licht des fensters
scheinen grätenfeine
blätter, der tisch hat keinen
stuhl, die blumen brennen
in der roten vase

Ein Fall in Rosenprosa

Angela Stamm

rot
doch traditionell rose in schale
ganz unkonventionell

trinkt sich blütenvoll
lügt ein lied, er

sieht es
mit dornaugen
zeigt seine
zornkrone

rot seine wut
allein ich weiß

Seegang

Gudrun Güth

Beim Gang um den See
verschränkt sich die Zeit

Hände hinterm Rücken
die Augen abgetaucht
aus geöffneten Blüten wächst
die Erinnerung

Mutter erzählt
von Küssen vom Krieg
von Klaviernoten Kohlsuppe

meine Lieblingsstockrose
sprüht Himmelstropfen
Honigmilchduft

springt der Stein
dreimal übers Wasser
bin ich dein Rosenkind

Was ist die Flucht einer Rose

Manuela Fuelle

Veralltagt in Schlicksal
Verendet im Gestrüpp
ja du
mondlinks Taumelnder
strauchelnder Tänzer
schweig

geliebtes zeichen

Manuela Fuelle

wunder
lich licht
gekreuzigter küsse
wenn nachtsonnenglut
dir aus halbtrunkenen
lidern zischt

lodert der schnee
von deinen lippen
und es tropfen
die dornigen
worte

Deiner Zunge Rosen

Manuela Fuelle

deiner zunge rosen
brachen mich auf
vernachtet
versalzen
bewache ich nun
die nacht
die sterne
die rosen

blütezeit sagtest du

Manuela Fuelle

blütezeit sagtest du und
bewahren sollte ich etwas
über uns hinaus
das ist schwer
das versandet
frühlingslos erwacht
filtre ich jeden morgen
unsere letzte berührung
wie du weisst fehlt mir
zum glück eine katze

rose

Alexa Testa

alter freund
in leder
gebunden
gefunden
zwischen gelben seiten
eine vertrocknete rose

lose blütenblätter
fast zerfallen

alle sinne
ahnen dich
geliebter
so klar
als wärest du
eben erst fort

die welke rose
blüht

Drachenfels und Rosen

Anette Koppelberg

Fast wäre ich an ihr vorbeigefahren. Es regnete stark und die ältere Dame war klein und zierlich. Doch sie fuchtelte wie wild mit ihrem Regenschirm. Im letzten Augenblick riss er das Steuer herum und bremste scharf. Wasser spritzte hoch, denn der Wagen hielt direkt in einer Pfütze. Die ältere Frau begrüsste ihn trotzdem freundlich.

»Guten Tag, junger Herr. Ganz schön feucht heute!« Während er ihr hilfsbereit in das Taxi half, fragte er charmant: »Wohin soll es denn gehen, meine Dame?« Es war ihm in Fleisch und Blut übergegangen, die Stimmung der Passagiere bereits nach wenigen Sätzen aufzugreifen. Mürrische Leute bekamen mürrische Antworten, freundliche Menschen ebensolche Reaktionen und nette alte Damen bekamen gepflegte Konversation.

»Einmal bis zum Drachenfels - aber fahren sie bitte langsam.« Er nickte, stellte seinen Zähler ein und überschlug im Kopf die Summe, die für die Fahrt herausspringen würde. Vom Bonner Hauptbahnhof bis zum Drachenfels in Königswinter - das war schon eine schöne Strecke.

»Haben sie Angst beim Autofahren oder warum ist es Ihnen so wichtig, dass ich langsam fahre?« Er beobachtete die alte Dame im Rückspiegel und entdeckte ein amüsiertes, fast spitzbübisches Lächeln auf ihrem Gesicht.

»Nein, überhaupt nicht!«, erwiderte sie. »Ich möchte die Fahrt nur geniessen. Sie müssen wissen, dass ich die Strecke das letzte Mal vor 53 Jahren gefahren bin. Ich komme nämlich aus Hamburg.« Lächelnd schaute sie nun aus dem Fenster und liess ihren Blick liebevoll über die Häuserfassaden gleiten.

»Tja, hier hat sich wohl einiges geändert, nehme ich an.« Fragend schaute er erneut in den Rückspiegel. Er jobbte nun schon drei Jahre als Taxifahrer und finanzierte so sein Studium. Wenn er wieder mal einen Durchhänger im Studium hatte, dachte er gelegentlich daran, hauptberuflich Taxi zu fahren, bis er wieder mal von einem betrunkenen Fahrgast beschimpft wurde. Das kam im Schnitt alle acht Wochen vor und hielt ihn davon ab, sein Studium vorzeitig abzubrechen.

»Och, das macht nichts«, erwiderte sie. »Im Moment sind sowieso meine Erinnerungen lebendiger, als das, was sich meinen Augen bietet.« Nun wurde er neugierig. Oft war er ja genervt, wenn Fahrgäste ihm ihre Lebensgeschichten erzählten. Aber diese Dame hatte etwas geheimnisvolles und liebenswertes an sich. Erst jetzt fiel ihm der Strauss Rosen auf, der auf ihrem Schoss lag - eingerollt in zerknittertes und vom Regen aufgeweichtes Papier.

»Als ich das letzte Mal diese Strecke fuhr, sass neben mir ein junger Mann. Er könnte fast in ihrem Alter gewesen sein«, kicherte sie verlegen. »Wir hatten uns auf der Zugfahrt von Hamburg nach Bonn kennen gelernt. Eigentlich sollte ich damals in Bonn meine Tante besuchen, sie wurde 50 Jahre alt, was mir damals uralt vorkam. Fred, so hiess der junge Mann, war Kunststudent und hatte mich während der Fahrt skizziert. Mir war das damals unangenehm, jung und schüchtern wie ich war und es war mir peinlich, seine Blicke so oft auf mir zu spüren. Aber als er das merkte, stellte er sich vor und entschuldigte sich, dass er nicht gefragt hatte, ob er mich überhaupt malen durfte. Dann lud er mich zur Entschädigung auf einen Kaffee in den Speisewagen ein. Dort kamen wir dann ins Gespräch. Er erzählte mir, dass er auf dem Weg zum Drachenfels sei. Ein Zeichenauftrag für ein Buch über Königswinter war der Grund, er sollte dafür den Drachenfels malen. Während der mehrstündigen Fahrt wandte er seine ganze Überredungskunst an, dass ich doch mitfahren solle, denn ohne eine hübsche junge Frau auf dem Drachenfels würden die Zeichnungen einfach langweilig werden.« Sie strich gedankenverloren über das Rosenpapier.

»Ja, was soll ich sagen. Ich verliebte mich schon beim zweiten Kaffee in ihn und grübelte die ganze Zeit darüber nach, wie ich den Besuch bei der Tante am geschicktesten absagen könnte. So rief ich also vom Bonner Hauptbahnhof bei meiner Tante an und erzählte etwas von einem verknacksten Fuß, ei-

ner stundenlangen Behandlung bei einem Hamburger Ortho-
päden und meinem grossen Bedauern, deshalb erst jetzt mei-
nen Besuch absagen zu können. Ich hatte zwar ein schlechtes
Gewissen, aber dieser verrückte Fred hatte mich so um sei-
ne Künstlerfinger gewickelt, dass ich gar nicht anders konnte.
Und das als Pastorentochter müssen sie wissen!« Wieder gib-
belte sie in sich hinein.

»Ich hoffe, ich langweile sie nicht mit meinen Erzählun-
gen.«

»Nein, wirklich, nicht«, und er meinte es vollkommen auf-
richtig. Er liebte Kennenlern-Geschichten.

»Wie ging es weiter?«, fragte er ungeduldig.

»Am Bonner Hauptbahnhof entschied Fred, dass wir mit
einem Taxi zum Drachenfels fahren würden. Er hatte am
Vortag in Hamburg auf einer Ausstellung eines seiner Bilder
für 150 DM verkauft, was damals noch sehr viel Geld war und
nun wollte er uns die Fahrt so angenehm wie möglich ma-
chen.« Wieder schaute sie lächelnd aus dem Fenster.

»Ja und was soll ich sagen? Auf dieser Taxifahrt haben wir
uns das erste Mal geküsst!« Ihre Stimme zitterte ein wenig,
so als wenn sie schlucken müsste. Und tatsächlich sah er im
Rückspiegel, wie sie sich verstohlen die Augen wischte. Sie
schwieg einen Moment lang.

»In Königswinter kaufte er mir Rosen und dann wander-
ten wir gemeinsam den Berg hinauf, wenn wir auch wegen
der vielen Küsse nicht allzu schnell vorankamen. Zum ma-
len kam Fred an dem Tag jedenfalls nicht mehr.« Und wieder
war ihr schon fast mädchenhaftes Lachen zu hören. Dann al-
lerdings hörte er sie laut aufatmen. Nach längerem Schweigen
fuhr sie stockend fort. »Als wir abends am Bahnhof Abschied
nehmen mussten, gab es bittere Tränen. Aus heiterem Him-
mel erzählte Fred mir, dass er in Düsseldorf, wo er studierte,
eine feste Freundin habe und dass wir uns deshalb nicht mehr
sehen könnten. Ich war am Boden zerstört. Er war ein Lufti-
kus!« sagte sie mit einem bitteren Unterton. »Wenn auch ein
sehr charmanter... «, fügte sie leise hinzu.

»Vorige Woche las ich in der Zeitung, dass Fred gestorben ist. Er ist recht bekannt geworden in der Kunstszene und deshalb ist die Nachricht bis zum Hamburger Kulturteil durchgedrungen. Und wenn der Tag auch damals für mich traurig endete, so war er für mich doch auch einer der Schönsten. Zum einen, weil ich meinen ersten Kuss bekam und zum anderen, weil ich das erste Mal einfach getan habe, wonach mir war, ohne auf die Vernunft zu hören. Und deshalb möchte ich heute noch mal mit dem Taxi zum Drachenfels fahren.« Die restliche Fahrt über schwiegen sie. Als sie Königswinter erreicht hatten, stieg die alte Dame aus. Er überlegte noch, sie nach ihrem Namen zu fragen, unterliess es dann aber. Auf der Rückfahrt stellte er sich vor, wie die alte Dame nun bei Regen mit langsamen Schritten den Drachenfels hinaufspazierte und wahrscheinlich an jedem Platz, an dem sie sich geküsst hatten, innehielt. Die Vorstellung rührte ihn und er fragte sich, woran er sich wohl im Alter gerne zurückerinnern würde. Plötzlich stellte er fest, dass die Frau ihre Rosen im Taxi vergessen hatte. Er fragte sich noch, wofür oder für wen sie die Blumen wohl gekauft hatte, als er ein kleines Zettelchen fand, das an ihnen befestigt war. Darauf stand:

Für den netten Taxifahrer, der sich die Erinnerungen an meinen ersten Kuss so geduldig angehört hat!

Frau Muschke feiert Hochzeit

Sigrid Krekel

Es klopfte an die Tür und Frau Muschke drehte sich aufgeregt vom Spiegel weg. Seit einer halben Stunde schon stand sie davor. Immer wieder hatte sie sich das Haar glatt gestrichen, den Lippenstift kontrolliert. Jetzt war er endlich da. Zitternd öffnete sie die Tür.

»Richard! Wie schön! Und diese wunderbaren Rosen. Cremefarbene Rosen! Zauberhaft. Sind es vierundachtzig?« Er nickte und hielt ihr den Rosenstrauss hin.

»Wenn ich einhundert Jahre werde, kann ich sie bestimmt nicht mehr tragen«, sagte Frau Muschke und lächelte dankbar. Sie bettete den dicken Strauss in ihren linken Arm und schloss die Tür. »Geh doch bitte voraus. Der Kaffee ist schon fertig.«

Er setzte sich an den kleinen runden Tisch mit der bestickten Decke. Zwei Gedecke und ein Teller mit Streuselkuchen standen darauf. In der Mitte brannte eine weisse Kerze.

»Ach Richard! Du weisst, wie sehr ich Rosen liebe. Du denkst immer an mich«, sagte Frau Muschke und lächelte ihn an. Er nickte.

»Weisst du noch«, sprach sie weiter, »als wir damals geheiratet haben? Ich hatte dieses entzückende weisse Kleid mit den zarten Blumenornamenten darauf. In meinem langen braunen Haar steckten kleine Rosenknöspchen.« Sie stellte den Rosenstrauss in eine grosse mit Wasser gefüllte Vase, nahm eine Schere vom Sideboard und schnitt eine Blüte ab. »Würdest du bitte?«, sagte sie und hielt ihm die Blüte hin. Er stand auf und steckte die Rose in ihr dünnes weisses Haar.

»Danke, mein Lieber«, lächelte Frau Muschke, »jetzt nimm aber bitte Platz.« Während sie den Kaffee ausschenkte sprach sie weiter. »Hatten wir nicht eine wunderbare Hochzeit? Es war eine arme Zeit damals und doch war ich das reichste Mädchen der Welt. Ich hatte den schönsten Mann bekommen, den ich mir träumen konnte. Du hast so wunderbar gesungen! Richtig geschmettert, wie Caruso. Fesch hast du ausgesehen damals in deinem Anzug. Kannst du dich erinnern? Wir haben ihn gegen ein halbes Schwein getauscht. Tante Franziska hat ihr Leben riskiert, damit wir mit richtigem Kaffee feiern konnten. Und war es nicht eine wunderschöne Feier? Meine Mutter hat Kuchen mitgebracht. Viel gelacht haben wir. Onkel Franz hatte den Selbstgebrannten dabei. Alle haben ihn getrunken und wir, mein Liebling, wir hätten beinahe keine richtige Hochzeitsnacht gehabt. Aber zum Glück hast du ja rechtzeitig aufgehört zu trinken.« Sie setzte sich hin und schaute ihm tief in die Augen. »Es war eine so traumhaft schöne Nacht.«

Ihr Blick schweifte zum Fenster und blieb in den Wolken hängen. Er beobachtete sie. Wie ein kleines Mädchen sass sie auf ihrem Stuhl, die Knie fest aneinandergedrückt. Dünn lugten ihre Beine unter dem blauen Faltenrock hervor. Die kleinen Füsse steckten in beigen Lederschuhen mit exakt geschnürten Senkeln. Ihre zarten Hände lagen auf ihren Oberschenkeln wie zwei frisch geschlüpfte Küken. Blau schimmerten die Adern durch das pergamentene Blass der Haut, in die das Alter braun und fleckig eingezogen war. Ihre knochigen Finger zitterten, und auch ihr Kopf ging unruhig in schneller Folge vor und zurück.

Frau Muschke schloss die Augen. Er studierte ihr Gesicht. Ein kleines Faltennetz zog rund um ihre schmalen Lippen. Die Haut über den Wangenknochen und der Stirn war erstaunlich glatt. Auf ihren Lidern entdeckte er einen zarten blauen Schatten, die Lippen hatte sie pastellrosa geschminkt. Sehr fein sah sie aus. Das weisse Haar war streng zurückgekämmt und zu dem kleinen Knoten gebunden, in den er die Rosenblüte gesteckt hatte. Über der weissen langarmigen Bluse trug sie eine ärmellose gestrickte Weste mit roten Blumenstickereien. Trotzdem stachen ihre spitzen Schultern deutlich hervor. Sie saß aufrecht da, fast wie ein Schulkind, das Angst vor seinem Lehrer hat. Langsam wiegte sie ihren Kopf hin und her. Noch immer waren ihre Augen geschlossen. Er hörte sie summen. Ihr Lächeln faszinierte ihn immer wieder. Es war so jung, so schön in diesem durch ein langes Leben gezeichneten Gesicht.

Er nahm seine Tasse und trank den Kaffee in einem einzigen Schluck aus. Dann stand er auf und trat einen Schritt auf sie zu.

»Ich muss jetzt leider gehen.«

Sie nickte ohne die Augen zu öffnen. »Ich weiss, lieber Richard, ich weiss. Im Himmel wird's früh dunkel«, sagte sie. Dann summte sie lächelnd weiter. Er drehte sich um und ging hinaus.

»Danke, Herr Sperber«, sagte Schwester Hiltrud, nachdem er die Tür hinter sich geschlossen hatte, »Sie haben sie sehr, sehr glücklich gemacht.«

»Jederzeit gerne wieder«, lächelte er und verliess das Haus. Er musste noch die Rosen schneiden. Es wurde Zeit.

In dem kleinen Gartenhaus gegenüber zog er seine Latzhosen an und schlüpfte in die grünen Gummistiefel. Als erstes ging er zu den grossen Rosenstöcken. In allen Farben standen sie da. Er beugte sich ein wenig vor und untersuchte den Boden. Mitten im Beet lag ein kleiner Fink. Zwischen den wenigen zarten Daunen glänzte seine nackte Haut.

Er dachte an Frau Muschke. Seit zwanzig Jahren war er Gärtner in dieser Anlage. Vor neun Jahren hatte sie ihn hier bei einem ihrer ersten Spaziergänge durch den Garten des Seniorenheims entdeckt und war sofort in Tränen ausgebrochen. Später hatte er einmal ein Bild ihres Mannes gesehen. Die Ähnlichkeit war wirklich verblüffend, auch wenn das Bild bereits vergilbt und der Mann schon über fünfzig Jahre tot war. Seitdem züchtete er cremefarbene Rosen. Und jedes Jahr am gleichen Tag besuchte er sie. Am Anfang war ihm das unheimlich gewesen, aber die Schwestern hatten ihn überredet. Ausserdem hatte sie ihm leid getan. Mit den Jahren machten ihm die Besuche nichts mehr aus. Mittlerweile hatte er Frau Muschke sogar richtig in sein Herz geschlossen. Er sah sie vor sich. Die kleine zerbrechliche Frau in diesem grossen Stuhl. Sie musste sehr glücklich gewesen sein mit ihrem Mann. Jedes

Jahr erzählte sie von ihrer Hochzeit und immer war es derselbe letzte Satz. Es war eine so traumhaft schöne Nacht.

Er schaute auf den nackten Fink. Letztes Jahr war sie noch kräftiger gewesen. Er legte seine raue Hand unter eine welke Rosenblüte und fuhr mit dem Daumen streichelnd über die sterbenden Blätter. Ein Jahr war lang. Frau Muschke war schon alt. ‚Fünfundachtzig Rosen‘, dachte er, ‚cremefarben und prächtig‘. Das würde ihn freuen. Ein Vogel flog dicht an ihm vorbei und stieg steil in den Himmel. Seine Augen folgten ihm. Zwischen den Wolken blitzte die Sonne auf. Er nickte und schloss die lächelnden Augen.

Zwischenzeit

Renate Herzer

Erlebtes, gelöst vom Lebensbaum,
Vergessenes, gegeben an die Zeit,
Verdrängtes, erwacht im Traum.

Die Seele bewahrt in ihren Tiefen
das dunkle Rot der Rose,
liest laut aus früheren Briefen.

Fremde Gestalt, der liebe Gast,
klopft an auf seiner Reise,
bleibt unsichtbar bei seiner Rast.

Senryu

Gaby Eder

ein Samtrosenduft
durchzittert leise die Nacht.
Schläft Dornröschen noch?

Gute Gedanken
entfalten sich wie Knospen:
Zaghaft, ja fast scheu.

Am Ende des Tages

Herta Kumer

Es ist Abend geworden im Herzen von Anna. Furchen, die 90 Lebensjahre geschrieben haben, machen ihr Gesicht schön. Ihre drei erwachsenen Töchter haben die letzten Spuren des Geburtstagsfestes verschwinden lassen. Ruhe im Haus. Annas Blick fällt auf den Strauss mit den fünf roten Rosen und bleibt dort hängen. Ein schönes Fest war es heute, ja, aber damals! Das war etwas Einmaliges! Als ihr Leopold mit fünf roten Rosen zu ihrem 20. Geburtstag kam. Mit einem Herrenfahrrad – eine Sensation damals! Sie durfte sich mit ihrem selbst genähten, rot getupften Kleid auf die Stange des Rades setzen und mit ihm zum Tanznachmittag ins Nachbardorf fahren!

Glückselig schlief sie jene Nacht, der Nacht der Nächte, in der er um ihre Hand angehalten hatte. Stolz erfüllt sie noch heute, wenn sie daran denkt, dass sie sich trotz der drei Kinder mit Näharbeiten ein altes Steyer-Puch-Damen-Waffenrad verdienen konnte, hin- ten mit breitem Gepäcksträger und vorne mit schwarzem, eisernem Kindersitz. Zusammen mit ihrem Mann und den Kleinen machten sie herrliche Sonntagsausflüge.

Glücklich lächelt Anna in Erinnerungen: Sie sieht sich und ihren Leopold in den 60-er Jahren mit modernen, neuen Fahrrädern mit Gangschaltung.

Schöne Zeiten damals, als noch nicht so viele Lkw-s die Strassen zur Todesfalle machten. Annas Augen wandern zur getäfelten Wand mit den alten Fotos, bleiben an dem von Leopold mit dem neuen Fahrrad, das sie ihm noch zum 70-er geschenkt hatte, haften.

Leise wischt sie sich mit der Hand über die Augen und lehnt sich müde zurück.

Sonnenuntergang

Christiane Weber

»Meine Gedanken«, sagt der Mann mit leiser Stimme«, fliegen oft an mir vorbei. Sie überholen mich ganz einfach.« Seine Frau lächelt. Ihre Augen glänzen dabei wie nasse Kieselsteine.

»Und manchmal fallen sie ganz einfach zusammen. Mühsam muss ich nach ihnen suchen und sie einfangen wie …«, er sucht nach Worten, »Schmetterlinge.«

»Ich weiss.« Ihre Hand streichelt über seine blasse Wange. Regentropfen rinnen wie kleine Perlen an der Fensterscheibe herunter.

»Und dann ist alles wieder leer oder grau. Als hätte man sie mit einem Lappen weggewischt.«

Ein Jahr, vielleicht noch zwei Jahre, hatte man ihr gesagt.

»Weisst du noch«, lächelt Martha und denkt sich in ihre Erinnerungen zurück«, wo wir uns kennen gelernt hatten.«

»Vielleicht«, bemerkt ihr Mann und streicht immer wieder über seine Hose.

»Du sassest jeden Sonntag im Cafe an dem Tisch am Fenster. Ich habe dich immer bedient. Dein Lächeln hat mich sofort gefangen gehalten.« Der Regen wird stärker.

»Eines Tages sprachst du mich an. Zaghaft, schüchtern und mit diesem Glanz in deinen Augen. Du fragtest mich, ob ich jedes Wochenende arbeiten müsse.« Seine Hände greifen immer wieder in die Luft, so als würde er Fliegen fangen.

»Und dann hattest du mich für einen Moment berührt. Flüchtig nur, aber genug, um mich zu verlieben. Deine Hände waren so sanft, so weich, als würden sie lächeln. Ich spürte sofort, dass du meine Welt auftauen würdest.« Ein Auto hupt. Er zuckt zusammen. Beruhigend streicht Martha über seine Schulter.

»Ich freute mich auf die Sonntage. Habe meinen Dienst sogar mit den Kolleginnen getauscht. Und dann wartete ich an einem regnerischen Herbsttag vergeblich auf Dich. Dein

Tisch blieb leer. Immer wieder starrte ich dorthin. Ich kannte weder deinen Namen, noch wusste ich, wo du wohntest. Dieser Sonntag ging ohne dich zu Ende.« Martha hält inne. Ein Lächeln schleicht sich durch ihr Gesicht.

»Ich war unheimlich traurig und überrascht, dass ich so viel für dich empfand.« Ihr Mann gähnt, nestelt an seiner Strickjacke.

»Und als ich das Cafe verliess, sah ich von Weitem, dass eine Blume auf meinem Gepäckträger klemmte. Ich lief durch den Regen und blieb vor meinem Fahrrad stehen.« Plötzlich rinnen Tränen an ihren Wangen herunter.

»Ein Zettel hatte sich in den Blättern der Rose verfangen. Weisst du noch, was auf dem Zettel stand?« Er schüttelt den Kopf und steht auf.

»Du schriebst, dass du mich gerne wieder sehen möchtest und batest mich, um acht Uhr zum Hafenrestaurant zu kommen.« Er lacht.

»Wie eine Wahnsinnige fuhr ich zum Hafenrestaurant. Und dann sah ich dich. Du standest inmitten des Regens und hieltest einen Rosenstrauss in deiner Hand. Mir fehlten die Worte.«

»Mir ist kalt«, sagt ihr Mann.

»Ganz feierlich überreichtest du mir die Blumen. Und sagtest … darf ich bitte, mein Fräulein. Wir lachten die Verlegenheit weg und dann hakte ich mich bei dir unter. Du hattest einen Tisch bestellt und dein Monatseinkommen für diesen Abend ausgegeben.« Ihr Mann geht zur Tür, drückt immer wieder die Klinke herunter.

»Du warst das Beste, was mir passiert ist. Weisst du das?«

»Ich habe Hunger«, bemerkt er. Martha streicht ihren Rock glatt. Sie steht auf und zieht ihren Mantel über.

»Und das Schlimmste ist, dass ich diese Erinnerungen nicht mehr mit dir teilen kann.« Die Tür fällt in das Schloss zurück. Es hatte aufgehört zu regnen.

Vita der Autoren

Hildegunde Artmeier

geb. 1964 in Mühdorf/Oberbayern, verheiratet, zwei Kinder, lebt mit ihrer Familie im Raum Regensburg; Studium der Biologie, Tätigkeit in der Pharmazeut. Industrie, Ausbildung zur Wirtschaftskorrespondentin, tätig im Export, Fachübersetzungen im medizinischen/ biochemischen Bereich; schreibt seit 2000 Kriminalromane, Kurzkrimis, Erzählungen. Veröffentl.: 2004, Drachenfrau, Schlangentanz, 2005 Katzenhöhle; (Kriminalrom.) Ausserdem Kurzkrimis in der Regensburger Rundschau. Mitglied im VDS und Syndikat, Sisters in Crime

Silvia Bergel

geb. 1958, wohnhaft in Willich. Selbständige Medienberaterin. Hobbies: Tiere, Sport, Lesen, Schreiben

Anja Blume

geb. 1965 in Oldenburg, nach dem Abitur Auslandsaufenthalte, Studium der Geographie und Niederlandistik, 2002 Promotion in Geographie zum Dr. phil, Auslandsaufenthalte. Tätigkeit als wissenschaftliche Mitarbeiterin. Gegenwärtig freie Dozentin, Übersetzerin Dolmetscherin für Niederländisch sowie Lehrbeauftragte für Geographie, Umweltpolitik und Landschaftsökologie, wissenschaftliche Veröffentlichungen seit 1997, Auszeichnungen im wissenschaftlichen Bereich.

Gaby Eder

geb. 1949, verheiratet, drei erwachsene Kinder, wohnhaft in Heiligeneich, Mitglied im Literarischen Kreis Traismauer und Schreibstube Tulln, schreibt Lyrik und Prosa. Zahlreiche Preise und Veröffentlichungen von Kurzgeschichten.

Manuela Fuelle

geb. 1963 in Berlin, Nach Schulabschluss Berufsausbildung und verschiedene Tätigkeiten, Studium der Theologie in Greifswald und Berlin, fünf Jahre am Berliner Gymnasium. Seit 2003 Zertifikatsstudium am Studio Literatur und Theater der Universität Tübingen, Veröffent. in der Anthologie Amour fou.

Claudia Gellermann-Schultes

geb. 1968 in Bremen, ist verheiratet und lebt heute als freie Medizin-Journalistin und Autorin in Engelstadt, Rheinland Pfalz

Elke Gottmann

geb. 1956 in Arolsen/Waldeck, Arzthelferin und Erzieherin, verh, 2 Pflegekinder, schrieb erste Geschichten mit ca. sieben Jahren. Lebt heute in Mössingen. Verschiedene Veröffentlichungen; Schwerpunkt Belletristik, Kurzgeschichten, Lyrik, Glossen/Meinungen/

Tobias Grimbacher

geb. 1975 in Ulm/Donau, aufgewachsen auf der Schwäbischen Alb. Studium der Meteorologie in Bonn. Promotion in Zürich. Mitarbeit in verschiedenen Autorengruppen. 1999 bis 2001 Mitglied der Literatur Bonn. 2003 bis 2005 Redaktionsmitglied des TASSO – Literaturmagazin an Uni und ETH Zürich (www.tasso.li). Veröffentlichungen in Zeitschriften und Anthologien, darunter dulzinea und macondo. Schreibt vor allem Lyrik und Kurzprosa.

Gudrun Güth

geb. 1950 in Hagen/Westfalen, Studium der Anglistik und Romanistik in Bochum und an der University of Bristol/England, 1974 bis 1978 Promotion über Typen des britischen Arbeiterromans. Zur Zeit in der Lehrerausbildung tätig, schreibt seit 1989 Lyrik, Kurzprosa, Erzählungen und Romane, lebt mit Mann, Sohn Gabriel, Hund und Kater in Waltrop. Diverse Veröffentlichungen in Zeitschriften, Anthologien und im Rundfunk (NDR/WDR), eigene Veröffentlichungen, seit 1984 verschiedene Preise.

Romin Hartmann

wurde 1968 in den Vereinigten Staaten geboren. Seine Schul-zeit verbrachte er in München und Karlsruhe. Er studierte Politik, Literatur und Geschichte und lebt derzeit als Lehrer in Freiburg. Zu seinen Sujets zählen die Grenzbereiche des Erlebens, aber auch im Alltäglichen vermag er das Besondere entdecken.

Fran Henz

lebt in Wien. Zahlreiche ihrer Geschichten wurden bereits in Anthologien und Literaturzeitschriften veröffentlicht. 2003 war sie unter den Preisträgern des Simenon-Wettbewerbs von ARTE-TV. Infos & Kontakt: www.fran-henz.com

Renate Herzer

Geb. 1935 in Wiesbaden, Lehrerin a.D., seit 1959 verheiratet mit Klaus Herzer (Maler und Holzschneider) Mutter von zwei Töchtern, wohnhaft in Mössingen.

Jasmin Herold

geb. 1976. Studium der Literaturwissenschaften und Geschichte. Diverse Veröffentlichungen. Langjähriger Aufenthalt in Australien, wo sie für das Goethe-Institut, verschiedene Zeitungen und einen Radiosender als freie Journalistin tätig war. Zur Zeit ist sie in Calgary, Kanada, wo sie mit obdachlosen Familien arbeitet.

Vera Hohleiter

Geb. 1979 in Heilbronn, studierte Literatur-, Politik- und Geschichtswissenschaften in Berlin und Paris, arbeitete für verschiedene Zeitungen (u.a. „Aufbau", New York), Internetpublikationen und das Goethe-Institut in Yaoundé, Kamerun. Veröffentlichungen: Kurzprosa in Literaturzeitschriften und Anthologien. 2001 erhielt sie den Jugendliteraturpreis des Freien Deutschen Autorenverbandes. Sie lebt in Berlin.

Sabine Imhof

geb. 1976 in Brig/Schweiz, Schauspiel- und Musicalausbild. an der Stage School of Music, Dance and Drama / Hamburg und am Lee Strasberg Theatre Institute / New York. Theater und Film in den USA. Veröfentlichung von Lyrik und Prosa in diversen Literaturzeitschriften und Anthologien. Journalistische Arbeit.

Tanja Klemm und Jan Söffner

wurden in Würzburg und Bonn geboren. Sie wuchsen in Deutschland auf. Derzeit leben sie in Köln.

Anette Koppelberg

geb. 1969, verheiratet und Mutter von zwei Töchtern, Ergotherapeutin und Diplom-Sozialpädagogin. Sie lebt in Bielefeld, ist Mitglied der Schreibgruppe „Wortgewandt" und „Seitenweise" und bietet Schreibwerkstätten an. Veröffentlichungen in Anthologien, Zeitschriften, Zeitungen und im Internet

Sigrid Krekel

geb. 1963 lebt im hessischen Wetzlar, Autorin, Texterin, Preise/Veröffentlichungen: 2004 Ausgewählt zum Autorinnenforum Berlin/ Rheinsberg, 2005: 3. Preis beim Literaturwettbewerb der Gemeinde Stockstadt am Rhein mit der Geschichte „Herr Straubinzki in den Rosen", Veröffentlicht im Buch „Meine Insel", Forum Verlag Riedstadt

Herta Kumer

geb. 1945, Sekretärin, aufgewachsen in einem kleinen Landgasthaus in Vorarlberg/Österreich, sie liebt die Natur. Gedichte schreiben ist ihr Hobby seit Jugendjahren. Sie besucht mehrere Lyrik- und Kurzgeschichten-Werkstätten. Hobbymalerin, Astrologin, Ausbildung in Ayurvedischen Massagen, Vorstandsmitglied bei LILI - Forum für Literaturschaffende und Literaturinteressierte.

Roland Künzel

geb. 1951, Gymnasiallehrer, Familienvater, Schriftsteller. Verschiedene Veröffentlichungen auch unter dem Pseudonym Roland Burkhardt und mehrere Preise.

Dr. Margitta Lambert

geb. 1945 in Oeschebüttel Krs. Steinburg, Studium der Germanistik und Kunstgeschichte, Promotion (Dr. phil.). Lebt als Linguistin und Autorin - mit Schwerpunkt Lyrik - in Hamburg; zahlreiche Veröffentlichungen in verschiedenen deutschen und deutschsprachigen Anthologien und Literaturzeitschriften.

Walter Landin

52-iger Jahrgang, Pfälzer, Dirmsteiner, Mannheimer (seit 1974), Realschullehrer, VS-Mitglied, Schreiber. Verschiedene Veröffentlichungen und Preise.

Dr. Hans-J. Liese

gebürtiger Westfale (Dortmund 1925) Studium an der Uni Münster (Deutsch, Geschichte, Philosophie), seit 53 Jahren in München, Journalist, Veröffentlichungen: Sechs Sachbücher (Politik, Umwelt, Geisteswissenschaft), Gedichte in Anthologien.

Lupus Lunaris

geb. 1982 in Düsseldorf-Benrath, lebt seit 2003 in Marburg an der Lahn. Sie studiert an der Philipps-Universität Marburg die Fächer Germanistik, Phonetik und Philosophie. Bisherige Veröffentlichungen: „Zum Mondmelken" Lyrik, in der Nationalbibliothek des Deutschsprachigen Gedichtes, Ausgewählte Werke VI, Realis-Verlag, Basel 2003.

Sandra Mai

geb. 1975 in Hamburg, Studium der Kunstgeschichte, Geschichte, und Germanistik an der Universität Hamburg und am Trinity College Dublin. Nach einem Praktikum am Art Institute of Chicago hat sie im März 2003 ihr Studium beendet und arbeitet nun als Bibliotheksangestellte in der Staats- und Universitätsbibliothek Hamburg. Neben der Schriftstellerei reist die Autorin viel. Ihre Eindrücke hält sie in Texten, Fotografien, Zeichnungen und Bildern fest.

Kurt May

geb. 1940 in Komar/Tschechien, verheiratet, Grundschullehrer, schreibt viel. Bisherige Veröffentlichungen in etwa einem Dutzend verschiedener Literaturzeitschriften.

Florian Mayr

geb. 1972 in Steyr (Oberösterreich), wohnhaft in St. Valentin (westliches Niederösterreich), seit 15 Jahren bei Gericht tätig und schreibt zum Ausgleich. Bisher ein halbes Dutzend Veröffentlichungen – Gedichte und Kurzgeschichten im Literaturmagazin „Kurzgeschichten", weitere Veröffentlichungen in verschiedenen Anthologien.

Martina Meisl

geb. 1968 in Wiesbaden, studierte Ethnologie in Mainz und Frankfurt, anschließend Wirtschaftsinformatik in Mannheim, arbeitet als Online-Redakteurin und freie Journalistin. Bisherige Veröffentlichungen von Kurzkrimis in verschiedenen Anthologien.

Dr. Klaus Paffrath

geb. 1961, Studium der Rechtswissenschaften in Trier, Promotion in Speyer, als Verwaltungsjurist in Thüringen tätig, verheiratet, 3 Kinder.

Claudia Ratering

geb. 1961 in Münster, Westfalen, Physikerin und Journalistin, schreibt populärwissenschaftliche Artikel, Gedichte, Geschichten und Science Fiction. Im Sommer ist sie gerne draußen unterwegs, per Fahrrad oder Motorrad, teils in Laufschuhen und auf Inline-Skates.

Karla Reimert (Montasser)

geb. 1972 in Berlin, verheiratet, 1 Tochter, Autorin, Doktorandin der Literaturwissenschaft, seit 1998 Chefredakteurin der deutsch-polnischen Zeitschrift WIR, seit 2000 Redakteurin des Labels KO-OKberlin-newyork. Freie Wissenschaftslektorin, Übersetzerin. Verschiedene Preise und Veröffentlichungen in Anthologien und Zeitschriften und im Konkursbuchverlag.

Alfons Russ

geb.1941 in Mengen. Studium in Konstanz zum Dipl.-Ing. für Maschinenbau, lebt in Dettingen/Erms. Technischer Leiter in einem Chemiebetrieb. Schreibt Lyrik und Prosa in Dialekt und auf Hochdeutsch, Sketche für Kabarett. Diverse Veröffentlichungen. Seine besondere Vorliebe gilt der französischen Sprache und ihren Dichtern.

Rotraud Sarker

geb. 1942 in Detmold, Nordrhein-Westfalen, freischaffende Schriftstellerin und Künstlerin, lebt in der Nähe von London. Veröffentlichungen in deutschsprachigen Zeitschriften, Zeitungen und Anthologien. Buchveröffentlichungen: Weiße Trauben, Gedichte (1989), und Die Farben des Windes, Gedichte (1994) beide im Otto Müller Verlag, Salzburg. Diverse Preise.

Ulrike Schilling

geb. 1965 in Offenbach/Main, freie Journalistin. Seit 2000 freie Autorin. Veröffentlichungen: „Turbulenz im Himmelbett" - edition fischer, „Cappuccino mit dem Maulwurf" - Verlag Wortwelten, „Eine Weihnachtstraumgeschichte" - Verlag Nils König. Arbeitet als Sicherheitsbeauftragte am Airport München. Ist engagiert im Kulturverein Schwindegg, in den Foren von lyrik.at und lyrikecke auch unter dem Namen „lavendar" aktiv. Sie lebt mit ihrem Partner in Mühldorf am Inn

Vera Schleicher

geb. 1959, Verlags-Angestellte, Hobby-Schreiberin, lebt in Bochum. Veröffentlichungen: Bibliothek Deutschsprachiger Gedichte, ausgewählte Werke VII, 2004; Die Literareon Lyrik-Bibliothek, Band II, 2004; Acheron-Verlag, best german underground lyriks 2004, 2005;

Stephan Sigg

geb. 1983, lebt, schreibt und schläft in Rheineck (Schweizer Bodenseeufer), besuchte das Gymnasium mit Schwerpunkt Latein, ist viel mit dem Zug unterwegs und studiert in Chur Theologie. In seiner Freizeit ist er für verschiedene Zeitungen, Zeitschriften und Online-Magazine tätig. Zudem leitet Stephan in seiner Heimat-Pfarrei die Ministranten. Buch-Veröffentlichungen: „Ein Dezembertraum" (2000), „LebensHalt" (2001) und die Krimi-Satire „Der letzte Weihnachtsmann" (2004) Weitere Informationen und Texte: www.stephansigg.com

Angela Stamm

geb. Rohde 1956 in Bonn. Kindergarten und Europaschule in Brüssel. Gymnasium und Abitur in Bonn. Studium (Romanistik/Anglistik) in Bonn, Münster und Madrid (DAAD-Stipendium). Seit 1982 Lehrerin (Engl., Frz. Span. Sek II). Frühpensioniert seit Au gust 2001. Schriftstellerin und Malerin. Leiterin der Literaturwerkstatt Pegasus in Würselen (VHS) seit 2002.

Alexa Testa
geb. 1983 in Kirchschlag bei Linz schreibt Kurzgeschichten, Lyrik und Märchen. Veröffentlichungen in verschiedenen Anthologien und Zeitschriften. Mit einem Roman hat sie soeben begonnen.

Johanna Marie Thiel
geb. 1992 in Bad Homburg v.d.H. als Schwester eines neun Jahre älteren Bruders. Schülerin des Gymnasialzweiges der Henry-Benrath-Gesamtschule im Heimatort Friedberg, siebtes Schuljahr, Hobbies: Musik, Lesen, Umwelt und Natur. Sie liebt den Familienhund und ihre pechschwarze Katze Nelly.

Eva Maria Vasiljevic
geb. 1919 in Halle/Saale, Ausbildung zur Bühnenbildnerin; nach Heirat 1940-1943 Leben in Berlin - ausgebombt - Umzug nach Tiengen; ab 1952 Tübingen; Studium der Philologie und Psychologie; Bibliotheksangestellte an der Universität Tübingen; seit 1985 in Eningen u.A. Hobbys neben dem Schreiben: Reisen, Tanz, Fotografieren, Malen. Veröffentlichungen: Autobiographie Band I: „Eine Kindheit in Sachsen" (1998), Band II: „Von Kriegskindern zu Wunderkindern" (1999) im Fouqué Literaturverlag, Egelsbach.

Ute Walenski
geb. 1954 in Adenstedt bei Alfeld (Niedersachsen), nach dem Abitur Studium für das Lehramt an Grund- und Hauptschulen, Vorbereitungsdienst in Hessen, danach Umschulung in einen handwerklichen Beruf. Nach zwei Arbeitsbeschaffungsmassnahmen Tätigkeit als Lehrerin an verschiedenen Kasseler Schulen.

Christiane Weber

geb. 1961, Sozialarbeiterin, lebt in Dortmund/Ruhrgebiet, liebt den Regen, das Radeln und Rollschuhlaufen, die Teestunde mit einem englischen Krimi, das Saitenzupfen und ihren Oldtimer, veröffentlichte Lyrik und Kurzgeschichten in verschiedenen Anthologien und Literaturzeitschriften.

Birgit Weidner

geb. 1964 in Zürich, Dipl.-Betriebswirtin (FH), Abschluss 1991, 1992 bis 1998 Werbeagentur, Versandhaus, Ingenieurbüro, Musikschule, Verlag. Zwischendurch in Pforzheim Theater gespielt und als Co-Autorin fungiert, (1995) Texterin diverser Schriftstücke für Modedesignerin Melanie Adrian, 2001 Gewinnerin eines Moderatoren-Wettbewerbs des Hessischen Rundfunks Frankfurt/Main. Seit 2002 freie Autorin, verschiedene Veröffentlichungen. Seit 2002 Freie Journalistin der „Nassauischen Neuen Presse" in Limburg/Lahn.

Harald Woschitz

geb. 1951 in Werne an der Lippe in Westfalen, mit 13 Umzug nach Berlin, ab 1970 Studium der Pädagogik und Soziologie, heute Lehrer für Sport, Geschichte, Deutsch an einer Gesamtschule in Berlin/Steglitz, beruflicher Schwerpunkt Integration von lernbehinderten Kindern. Veröffentlichungen in Anthologien.